DA GELADEIRA AO DIVÃ

Psicanálise da Compulsão Alimentar

Editora Appris Ltda.
1ª Edição - Copyright© 2016 dos autores
Direitos de Edição Reservados à Editora Appris Ltda.

Nenhuma parte desta obra poderá ser utilizada indevidamente, sem estar de acordo com a Lei nº 9.610/98.
Se incorreções forem encontradas, serão de exclusiva responsabilidade de seus organizadores.
Foi feito o Depósito Legal na Fundação Biblioteca Nacional, de acordo com as Leis nºs 10.994, de 14/12/2004 e 12.192, de 14/01/2010.

Dados Internacionais de Catalogação na Publicação (CIP)
Elaborado por Sônia Magalhães
Bibliotecária CRB9/1191

V617
2016
	Vianna, Monica
	    Da geladeira ao divã : psicanálise da compulsão alimentar / Monica Vianna.
	– 1. ed. – Curitiba : Appris, 2016.
	    167 p. ; 21 cm
	
	    Inclui bibliografias
	    ISBN 978-85-473-0117-0
	
	    1. Distúrbios do apetite. 2. Psicanálise. 3. Imagem corporal. I. Título.
	
	                              CDD 20. ed. – 616.8917

Editora e Livraria Appris Ltda.
Rua General Aristides Athayde Jr., 1027 – Bigorrilho
Curitiba/PR – CEP: 80710-520
Tel: (41) 3203-3108 - (41) 3030-4570
http://www.editoraappris.com.br/

Appris
editora

Printed in Brazil
Impresso no Brasil

Monica Vianna

DA GELADEIRA AO DIVÃ

Psicanálise da Compulsão Alimentar

Appris
editora

Curitiba - PR
2016

FICHA TÉCNICA

EDITORIAL	Augusto V. de A. Coelho
	Marli Caetano
	Sara C. de Andrade Coelho
COMITÊ EDITORIAL	Andréa Barbosa Gouveia - Ad hoc.
	Edmeire C. Pereira - Ad hoc.
	Iraneide da Silva - Ad hoc.
	Jacques de Lima Ferreira - Ad hoc.
	Marilda Aparecida Behrens - Ad hoc.
ASSESSORIA EDITORIAL	Camila Dias Manoel
COORDENAÇÃO - ARTE E PRODUÇÃO	Adriana Polyanna V. R. da Cruz
DIAGRAMAÇÃO	Thamires Santos
CAPA	Tarliny da Silva
IMAGEM DE CAPA	Edvard Munch, *On the Sofa*, 1913
REVISÃO	Bruna Fernanda Martins
WEB DESIGNER	Carlos Eduardo H. Pereira
GERENTE COMERCIAL	Eliane de Andrade
LIVRARIAS E EVENTOS	Estevão Misael | Milene Salles
ADMINISTRATIVO	Selma Maria Fernandes do Valle

COMITÊ CIENTÍFICO DA COLEÇÃO PSI

DIREÇÃO CIENTÍFICA	**Junia de Vilhena**
CONSULTORES	Ana Cleide Guedes Moreira (UFPA)
	Betty Fuks (Univ. Veiga de Almeida)
	Edson Luiz Andre de Souza (UFRGS)
	Henrique Figueiredo Carneiro (UFPE)
	Joana de Vilhena Novaes (UVA | PUC-Rio)
	Maria Helena Zamora (PUC-Rio)
	Nadja Pinheiro (UFPR)
	Paulo Endo (USP)
	Sergio Gouvea Franco (FAAP)
	Vera Lopes Besset (UFRJ)
INTERNACIONAIS	Catherine Desprats - Péquignot (Université Denis-Diderot Paris 7)
	Eduardo Santos (Univ. Coimbra)
	Dra. Marta Gerez Ambertín (Universidad Católica de Santiago del Estero)
	Celine Masson (Université Denis Diderot-Paris 7)

*Mentores são aqueles que nos ajudam
a ser alguém melhor e a encontrar um sentido para vida.*

*Pessoas que cruzam nosso caminho e compartilham
princípios, valores, sonhos, conhecimentos e sabedoria.*

*São aqueles nos quais nos espelhamos, que se transformam
nos nossos heróis internos, mesmo que não estejam mais conosco.*

Dedico esse livro aos meus mentores clínicos e acadêmicos:

*Alexandra Araújo, Daniel Kupermann,
Renato Mezan, Simone Freitas e Junia Vilhena.*

E, especialmente, aos meus pais, mentores afetivos incondicionais.

AGRADECIMENTOS

Gostaria de agradecer a todos que direta ou indiretamente contribuíram para realização deste livro:

Ao Prof. Dr. Renato Mezan, pelo apoio, incentivo e disponibilidade demonstrados em todas as fases que levaram à realização desse livro.

Ao Prof. Dr. Daniel Kupermann que acompanhou minha formação desde a graduação, sendo uma fonte de inspiração constante.

À prof. Dra. Junia de Vilhena e à prof. Dra. Joana Novaes, pelos conselhos preciosos e interlocução enriquecedora.

A todos os membros da equipe Cettao, da equipe Nuttra, e ao Dr. Antônio Augusto Peixoto de Souza e à Dra. Lilian Mattos Carvalho, parceiros responsáveis por incontáveis ensinamentos e oportunidades.

Aos amigos do grupo de orientação da pós-graduação pela parceria generosa e o desejo de aprender que nos une e fortalece.

À Julia Grillo, minha primeira revisora, por sua sensibilidade com as palavras.

A toda a equipe da editora Appris, pela dedicação e o trabalho cuidadoso.

À minha mãe, Fatima Vianna e ao meu irmão, Marcito Vianna, que nutriram com todo amor meus sonhos e apaziguaram com carinho minhas inseguranças.

Ao João Marcos dos Reis Velloso, companheiro paciente, incentivador afetuoso e revisor não oficial das minhas produções.

Ao meu pai, Marcio Vianna (*in memoriam*) e ao meu avô, Hélio Vianna (*in memoriam*), fontes de inspiração e força que carrego sempre comigo.

À minha avó Joana, minhas tias queridas e toda minha grande e carinhosa família, rede de segurança e afeto essencial nessa jornada.

Às minhas amigas, Isabel Gomes, Mariana Millon e Mariana Procópio Coló, que vibraram com minhas conquistas e tornaram as frustrações menos intensas.

Ao Eduardo Faleiros, pelo apoio emocional fundamental durante a realização desse trabalho.

E por fim, ao meu gato, Mussum, parceiro fiel e incansável nas madrugadas insones de estudo e elaboração deste livro.

APRESENTAÇÃO

Os transtornos alimentares vêm crescendo exponencialmente na sociedade contemporânea e a compulsão alimentar está presente em grande parte desses transtornos. Comer escondido, rápido demais, mesmo sem estar com fome, com a sensação de falta de controle do que e do quanto você está comendo, e depois sentir-se culpado, triste e envergonhado, são características da compulsão alimentar. Esta obra tem a intenção de estimular uma reflexão acerca da compulsão alimentar a partir do referencial teórico psicanalítico. Para tanto, além da teoria, abordaremos também as peculiaridades da clínica dos transtornos alimentares e a importância do tratamento realizado por uma equipe multidisciplinar especializada. A compulsão alimentar neste estudo refere-se a qualquer conduta alimentar sentida pelo sujeito como obrigação de comer de modo percebido por ele como excessivo, evoluindo em crises ou acessos, desenvolvendo-se sem interrupção, uma vez começada, e podendo se repetir com uma frequência muito variável. As dificuldades nos laços mais arcaicos da relação materna e seus desdobramentos são apontados como fatores importantes no desenvolvimento da compulsão alimentar. Questões referentes ao comportamento aditivo e aos problemas com a imagem corporal serão discutidas dentro do contexto dos transtornos alimentares. Processos como a clivagem do ego, as dificuldades em lidar com a perda, a representação simbólica comprometida e a precariedade das funções estimulante e de continência da pulsão também estão presentes em menor ou maior proporção, de acordo com a singularidade de cada caso.

PREFÁCIO

Lócus primordial de investimento e capital dos mais valiosos, nunca se falou tanto acerca do corpo. Da produção teórica às inúmeras práticas corporais, o corpo entrou em cena. Alijado, relegado a segundo plano pela psicanálise, por algum tempo, o corpo readquire importância, passando a ocupar lugar de destaque no papel de agenciador das subjetividades contemporâneas.

Na sociedade do espetáculo ou imagética, com muito mais telas do que páginas, a aparência assume o valor de uma moeda de troca valiosa. De cartão de visita a imagem, torna-se, gradativamente, a melhor representação moral do sujeito. De um direito, a beleza torna-se mandatória. Diante desse cenário, não há como desconsiderar o sofrimento psíquico decorrente de todas as normatizações que incidem sobre o corpo – sobretudo, o feminino.

Histórica é a tríade mulher, beleza e corpo: categorias associadas desde tempos imemoriais. Na atualidade, enquanto significante, a gordura encontra-se como a melhor representação da feiura, gerando uma exclusão socialmente validada.

Dentro dos novos arranjos e agenciamentos subjetivos contemporâneos encontram-se inúmeras práticas corporais, representando intensos mecanismos de regulação social sobre o corpo do sujeito ao mesmo tempo em que promovem a sua inclusão identitária.

Da moda do corpo ao corpo da moda, indagamo-nos quais seriam os ditames atuais de beleza. A eternização da juventude viria em par com um corpo sem excessos, cujo metabolismo é alvo de uma severa patrulha, a partir de um controle constante que se revela por meio da prescrição de uma rotina rígida de exercícios, aliada a uma dieta que não tolera deslizes ou relaxamentos.

O corpo natural se desnaturaliza ao entrar em cena conforme as exigências impostas pelos modelos vigentes ou pelo poder do etos sociocultural. Distinto que é do corpo da medicina, organismo, esse corpo não é apenas passivo: ele transgride, cria, rebela-se, porque fala.

Não sendo o corpo funcional objeto de investigação da psicanálise, é importante debruçar-se na investigação de um corpo que fala, goza, silencia e ensurdece, sempre à espera de um deciframento. O corpo pulsional, enquanto uma categoria, distingue-se tanto do corpo simbólico como do corpo biológico, sem, no entanto, excluí-los. Por essa razão, acreditamos que as transformações corporais não devam vir desacompanhadas de suas narrativas.

E é justamente sobre uma fala adoecida e cheia de sofrimento que Monica Vianna apoia o seu escrito. De maneira envolvente e com um olhar empático e generoso, constrói sua narrativa, como se a tessitura cuidadosa de uma teia estivesse ali em progresso.

Tendo como objeto de estudo a compulsão alimentar e partindo da teoria Kleiniana, mas igualmente ancorada em autores como André Green e Joyce McDougall, Monica nos apresenta uma abordagem sensível sobre a temática, competentemente ilustrada com relatos autobiográficos dramáticos e bastante contundentes. Trata-se, pois, de um caso da literatura especializada, acerca de uma paciente que sofrera de Bulimia Nervosa desde os nove anos de idade.

Para além das categorias nosológicas, a autora desenvolve uma sólida e bem fundamentada discussão, que compreende a comida como uma espécie de eixo magnético, no qual todos os aspectos subjetivos e da vida associativa do sujeito orbitam em torno dos alimentos classificados como seguros ou não, tal qual um objeto fetiche, que segue acompanhado de inúmeros rituais.

Inicia sua trajetória investigativa estabelecendo uma distinção entre exageros alimentares e o conceito de compulsão como categoria, para em seguida introduzir o que configurará como eixo central do seu estudo: a associação entre a fixação na fase oral (e mais especificamente oral canibalística) ligada a uma falha nas relações objetais mais arcaicas.

O cerne da discussão poderia ser sintetizado nas vicissitudes da provisão ambiental/alimentar, em sua estreita relação estabelecida com o seio materno. Ou, ainda, o que foi por Winnicott nomeado como *função-materno-primária* e as repercussões psíquicas decorrentes dos casos, nos quais essa identificação não foi suficientemente adequada.

Utilizando da terminologia por ela empregada, trata-se de uma investigação acerca das repercussões e danos psíquicos, quando há alguma falha intolerável e traumática nessa relação precoce mãe-bebê.

Nesse sentido, aproximações são possíveis, e o contexto, o território e a geografia em que se vive ou na qual se está inserido são agentes formadores de subjetividades bastante relevantes, interferindo até mesmo na forma como são feitos os usos do objeto.

Ancorada em uma sólida literatura, Monica busca remontar o circuito pulsional referente aos primórdios da vida subjetiva desse tipo de paciente. Parte da premissa de que na presença de uma mãe excessivamente presente ou ausente, incapaz de estabelecer uma distância adequada e necessária para o desenvolvimento psíquico do seu bebê, teríamos como resultante o prejuízo do processo de individuação da criança.

Por essa razão, também o processo de construção e incorporação da própria imagem corporal, bem como de simbolização, seriam, de certa forma, claudicantes, gerando no infante sentimentos de profundo desamparo, além de uma angústia de separação não sintetizável pelo aparelho psíquico.

Para todos aqueles familiarizados com a clínica dos chamados Transtornos da Oralidade, recheada de conteúdos manifestos que revelam histórias de vida férteis em denúncias, deparamo-nos aqui com uma realidade que aponta para algo da ordem do trauma e de um luto que parece jamais ter sido concluído.

Depressão, acídia, melancolia... Apego excessivo a um objeto perdido, imiscuído à ambivalência afetiva que gera repulsa, obstaculizando qualquer reparação possível que possa aprazer ou satisfazer, parcialmente, o sujeito em questão. Ou, como bem nos lembra a autora, pisamos aqui num terreno cuja areia é movediça e no qual as fronteiras são fluídas; as categorias fronteiriças e os diagnósticos configuram adições erigidas como mecanismos de defesa, na regulação contra as deficiências ou falhas contingenciais.

Dessa forma, cremos ser de grande valia ratificar a assertiva da autora no que tange a enquadrar os transtornos alimentares como patologias que ocupam uma posição *transnosográficas e transestrutural*, tamanha a variação nas suas manifestações clínicas, bem como na singularidade do prognóstico envolvido presente, igualmente, na evolução de cada caso.

Algo instigante, cujo conteúdo emerge dentro do *setting*, mediante uma escuta atenta aos detalhes de uma vida que, aos poucos, vai sendo esmiuçada e revelada, quer seja no excesso de adiposidade ou no preenchimento do vazio, uma proteção contra a violência e o desamparo.

Nesses casos, comer em excesso ou se alimentar de nada convergem em formas de uma adição mortífera. Corpos postos em sacrifício e que já não participam do jogo, na condição de abstinentes e alijados da cena social. Ora transgressores, ora engessados em um rígido projeto moral, cuja severidade converte-se em tirania.

Corpos cuja imagem refletida no espelho é apavorante, sujeitos produtos de uma relação persecutória com o próprio corpo. Corpos afetados pela cultura da alta performance, que, paradoxalmente, emperram – paralisados! Vorazes ou apáticos, seres etéreos, diáfanos ou amorfos vão se metamorfoseando em busca de uma descarga que jamais sacia.

Verdadeiros zumbis humanos, cindidos, apartados do próprio desejo e, no entanto, para sempre ávidos. Produtos de uma sociedade bulímica que nos convida a consumir vorazmente, para depois exigir que livremo-nos de todos os nossos recheios.

Por fim, restam-nos relatos dramáticos, que descrevem vidas caracterizadas por severos estados de privação, outras tantas por toda sorte de violência, muitas vezes no âmbito familiar, encarnando os agressores, não raro, às próprias figuras parentais. Ainda assim, nos surpreende a capacidade de resiliência que alguns sujeitos escutados apresentam face às vicissitudes de suas vidas.

Em última análise, Monica nos conta sobre histórias de vidas marcadas por um vazio intolerável, angústias impensáveis e, inequivocamente, pelo desamparo e pelo abandono. Histórias de sujeitos que buscam na comida – seja no excesso ou em sua recusa – o alimento do qual foram privados.

Joana De Vilhena Novaes
Coordenadora do Núcleo de Doenças da Beleza – PUC-Rio

SUMÁRIO

INTRODUÇÃO 19

CAPÍTULO I
O MAL-ESTAR CORPORAL NA CONTEMPORANEIDADE 31

CAPITULO II
OS TRANSTORNOS ALIMENTARES NA VISÃO PSIQUIÁTRICA 49

A. Anorexia Nervosa 60
B. Bulimia Nervosa 64
C. Transtorno da Compulsão Alimentar Periódica – TCAP 72
D. Transtorno Alimentar Não Especificado – TANE 78
E. Síndrome da Alimentação Noturna– SAN 80

CAPÍTULO III
PSICANÁLISE E COMPULSÃO ALIMENTAR 85

1. Posição depressiva e Clivagem maníaco-depressiva 86
2. O vazio intolerável 99
3. A lógica aditiva 107
4. Imagem corporal 115

CAPÍTULO IV
A CLÍNICA DOS TRANSTORNOS ALIMENTARES 131

1. Primeiros contatos 132
2. Adolescência e relações familiares 140

CONSIDERAÇÕES FINAIS 151

REFERÊNCIAS 159

INTRODUÇÃO

Neste livro, abordo a compulsão alimentar (CA) a partir de uma perspectiva psicanalítica com enfoque na teoria kleiniana. O termo "compulsão alimentar" será utilizado para designar qualquer conduta sentida pelo sujeito como obrigação de comer de modo julgado como excessivo por ele mesmo, evoluindo para crises ou acessos e desenvolvendo-se sem interrupção uma vez desencadeada, podendo repetir-se com frequência muito variável.

Além do embasamento teórico psicanalítico, utilizarei trechos do relato autobiográfico de Marya Hornbacher, que desde os nove anos de idade sofreu com transtornos alimentares. A partir das vivências de Hornbacher, buscarei ilustrar conceitos e definições, visando facilitar a compreensão da teoria.

Minha experiência clínica com pacientes que sofrem de transtornos alimentares é fruto do trabalho em três equipes multidisciplinares: o Centro de Estudos e Tratamento de Transtornos Alimentares e Obesidade – CETTAO, o Núcleo de Transtornos Alimentares e Obesidade – NUTTRA, e a Equipe de cirurgia bariátrica do Dr. Antônio Augusto Peixoto de Souza. Além disso, venho desenvolvendo meus estudos acadêmicos especificamente nessa área desde minha graduação na faculdade, passando pela especialização, mestrado e atualmente no doutorado.

Quando atendemos pacientes com transtornos alimentares (TAs), nos deparamos com uma grande fixação em assuntos relacionados à alimentação e ao peso corporal. Cada história tem sua trajetória particular e cada sujeito lida de maneira diferente com a compulsão alimentar, mas em todos os casos pode-se observar a repetição constante de temas ligados à comida e ao corpo. Isso acaba remetendo a uma série de situações, sentimentos e sensações ligados a esses mesmos temas, criando uma espécie de ímã psíquico que atrai e aprisiona tudo o que está por perto.

Ao ouvir esses sujeitos, percebe-se rapidamente que uma grande parcela de suas vidas gira em torno dos alimentos: doces, salgados, em grandes ou pequenas quantidades, a próxima refeição, o que é permitido comer ou o que é perigoso. Tudo passa a estar vinculado aos rituais alimentares e à necessidade incontrolável de comer. O trabalho, família, estudos, relacionamentos, lazer, tudo é atraído para o campo magnético da fome, saciedade, corpo, peso e controle.

As pessoas que sofrem com a CA têm suas trajetórias de vida perpassadas por dietas mal sucedidas e fracasso em manter o peso corporal estável (o famoso efeito sanfona). Diante desse histórico de frustações, muitos acabam elegendo o controle do peso e da alimentação como principais responsáveis por sua felicidade e realização pessoal, ou seja, seu valor e autoestima ficam diretamente atrelados ao ponteiro da balança. Juntando essa realidade com a supervalorização da magreza na sociedade contemporânea (enquanto ideal único de beleza), obtemos alguns dos elementos fundamentais para uma idealização da magreza absoluta e inalcançável, o que gera ainda mais frustração, raiva, vergonha e culpa.

A primeira coisa que uma pessoa com CA (e os profissionais de saúde) devem saber é que as dietas alimentares restritivas só agravam o problema[1]. Quem tem CA não pode fazer dieta! A restrição de alimentos é um dos maiores gatilhos para a compulsão, responsável por gerar um ciclo vicioso difícil de interromper. Nesses casos, as dietas tem o efeito inverso: ENGORDAM! Infe-

---

[1] Bernardi F, Cichelero C, Vitolo MR, 2005; Lluch A, Herbeth B, Méjean L, Siest G, 2000.
Bernardi. F., Cichelero, C., Vitolo, M.R. (2005). *Comportamento de restrição alimentar e obesidade*. Revista de Nutrição, 18 (1): 85-93.
Lluch A, Herbeth B, Méjean L, Siest G. Dietary intakes, eating style and overweight in the Stanislas Family Study. *Int J Obes Relat Metab Disord*. 2000 Nov; 24(11): 1493-9.

lizmente, é muito difícil para quem fez dieta a vida inteira e se sente cobrado socialmente pelo seu peso corporal assimilar essa mudança de paradigma. Mudar a relação com a comida e o corpo vai depender essencialmente do tratamento da CA; e o emagrecimento é uma consequência e nunca o foco do trabalho.

Outro ponto de grande relevância nesse primeiro contato com o paciente é ajudá-lo a diferenciar o exagero alimentar da compulsão. Nós todos estamos sujeitos a exagerar em algumas ocasiões, principalmente diante de grande oferta de alimentos palatáveis, como por exemplo, em festas, churrascarias rodízio e buffet *all inclusive*. Nessas ocasiões, comer mais do que necessário ou do que estamos acostumados é bastante comum e isso não caracteriza necessariamente uma CA.

Nos episódio de CA a pessoa sente a necessidade de comer, mesmo quando não está com fome, não deixando de se alimentar apesar de já estar satisfeita. Observamos, assim, a ingestão de uma grande quantidade de alimento, num período limitado de tempo, acompanhado da sensação de perda de controle sobre o ato. O sujeito não consegue controlar o que come, a quantidade e a forma como come. Por essa razão, os episódios costumam ocorrer escondidos e só são interrompidos com a chegada de alguém, com o término dos alimentos ou por causa do mal-estar físico, decorrente do empanzinamento. Após a compulsão, são intensos os sentimentos de culpa, vergonha e tristeza.

Considero fundamental destacar que a CA não ocorre exclusivamente em pessoas obesas e que nem todos os obesos apresentam episódios de CA. Esse quadro está presente em diferentes transtornos alimentares (TA's), como por exemplo a Bulimia Nervosa (BN), o Transtorno da Compulsão Alimentar Periódica (TCAP) e alguns quadros de Transtornos Alimentares Não Especificados (TANE). No entanto, apesar de não possuir vinculação irrestrita com a obesidade, o subgrupo de obesos com CA manifesta uma pior resposta aos tratamentos que objetivam emagrecimento, maior dificuldade para perder peso, pior manutenção do peso perdido e maior taxa de abandono dos tratamentos. Além disso, esse subgrupo apresenta maior prevalência da flutuação de peso e passa mais tempo de suas vidas tentando emagrecer[2].

De acordo com o levantamento realizado em 2014 pela Organização Mundial de Saúde (OMS), a obesidade atinge cerca de 600 milhões de pessoas no mundo. No Brasil, os dados divulgados pelo Ministério da Saúde em 15 de abril de 2015[3] revelam que 17,9% da população apresentam obesidade e o número sobe para 52,5% da população se incluirmos as pessoas com sobrepeso. Estamos falando de uma doença de etiologia multifatorial, caracterizada pelo excesso de gordura no corpo, que frequentemente causa danos à saúde. A obesidade é tratada como doença pois diminui a qualidade e a expectativa de vida. Ainda de acordo com o Ministério da Saúde, o excesso de peso é fator de risco para doenças crônicas do coração, hipertensão e diabetes, que são responsáveis atualmente por 78% dos óbitos no Brasil.

É importante salientar que não há um perfil psicológico ou uma estrutura psíquica única para todos os indivíduos obesos, sendo temerária a generalização dos problemas psicológicos para todos os casos de obesidade. A obesidade é, segundo a Organização Mundial de Saúde (2014), uma doença endócrina, nutricional e metabólica, e não um distúrbio mental ou comportamental. No presente trabalho, pretendo lançar um olhar para a psicopatologia referente à CA, e não à obesidade.

---

[2] DUCHESNE, M.; APPOLINÁRIO, J. C. et al. Evidências sobre a terapia cognitivo-comportamental no tratamento de obesos com transtorno da compulsão alimentar periódica. *Revista de Psiquiatria*. v. 29, n. 1, 2007, p. 80-92.

[3] Os números são da pesquisa Vigitel 2014 (Vigilância de Fatores de Risco e Proteção para Doenças Crônicas por Inquérito Telefônico), que coletou informações nas 26 capitais brasileiras e no Distrito Federal. Foram realizadas 41 mil entrevistas para o levantamento.

Como destacamos anteriormente, o excesso de peso não é um critério diagnóstico para CA, todavia esse quadro frequentemente se associa ao sobrepeso e a diversos graus de obesidade. Enquanto a prevalência da CA estimada na população em geral pode variar entre 1,8 e 4,6%, aproximadamente 30% dos indivíduos obesos que procuram tratamento para emagrecer apresentam esse transtorno. Também foi observada uma associação positiva entre a presença da CA e o aumento da adiposidade[4].

Estudo sobre a prevalência de Transtorno da Compulsão Alimentar Periódica - TCAP na população americana refere índices de 2% na comunidade, 30% em programas de emagrecimento e 71% nos comedores compulsivos anônimos[5]. No Brasil, Borges e Jorge[6] encontraram uma prevalência entre 15% e 22% em amostra de pacientes em tratamento para perda de peso. Para pacientes candidatos à cirurgia bariátrica, verificou-se a presença do transtorno em 56% dos casos[7].

De um modo geral, os estudos psicanalíticos sobre TA's apontam para dificuldades nos laços mais precoces da relação materna e seus desdobramentos, especialmente na época da adolescência. Para tentar compreender melhor os arranjos que levaram a essa fixação na alimentação e no corpo, retornarei ao longo do trabalho aos primórdios do desenvolvimento infantil, a suas fases mais arcaicas, nas quais a relação precoce mãe-bebê coloca em primeiro plano as vicissitudes da função alimentar no exercício da função materna.

O desenvolvimento do psiquismo do sujeito se dá desde antes do nascimento, desde o momento em que a grávida cria uma

---

[4] DUCHESNE, M.; APPOLINÁRIO, J. C., et al. op. cit.
[5] SPITZER, R. I.; DEVLIN, M. et al. Binge Eating Disorder: a Multisite Field Trial of Diagnostic Criteria. *International Journal Eating Disorder.* v. 11, 1992. p. 191-203.
[6] BORGES, M. B. F.; JORGE, M. R. Evolução Histórica do Conceito de Compulsão Alimentar. *Psiquiatria na Prática Médica.* São Paulo. v. 33, n. 4, 2000. p. 20-26.
[7] PETRIBU, K.; SÁ, E. R. et al. Em uma População de obesos mórbidos candidatos à Cirurgia Bariátrica do Hospital Oswaldo Cruz em Recife, PE. *Arquivos Brasileiros de Endocrinologia e Metabolismo.* v. 50, n. 5, 2006.

imagem do bebê a partir de seu narcisismo e seu investimento libidinal. Quando o bebê nasce precisa de outro ser humano, no caso a mãe, que cuide dele e satisfaça suas necessidades; que possa, enfim, garantir sua vida e desenvolvimento. O sujeito vai constituindo-se numa rede tecida pelo olhar da mãe, cuidado por ela e dependente dela. Freud nomeou de "estado de desamparo", essa condição de dependência total do outro.

Quando a mãe é excessiva ou ausente, ela não possibilita uma distância adequada e necessária para o desenvolvimento psíquico do bebê. Nesses casos, podem ficar prejudicados o processo de individuação da criança, a construção da sua imagem corporal e os processos de simbolização, entre outros. Por outro lado, são gerados sentimentos profundos de desamparo.

Para falar desse excesso de presença ou ausência materna, vali-me do conceito de André Green de "objeto absolutamente necessário" (mãe). Trata-se do objeto que precisa deixar-se negativar para cumprir suas funções de estimular e ao mesmo tempo conter as pulsões. Além disso, quando o "objeto absolutamente necessário" se deixa negar e é posto à distância, desdobra-se em uma multiplicidade de objetos substitutivos e contingentes.

A falha precoce da função materna também está relacionada ao processo de introjeção canibal do objeto primário, que ao ser introjetado dessa forma é destroçado, não podendo ser representado no mundo psíquico da criança. Assim, a mãe cuidadora não é sentida como presente no psiquismo da criança e não se cria um substituto para a presença da mãe que assegure ao bebê a possibilidade de lidar com a sua ausência concreta, garantindo um apaziguamento diante dos excessos pulsionais.

Para os kleinianos, uma introjeção normal seria a capacidade de introjetar os aspectos bons do objeto, ao passo que uma introjeção canibal é a introjeção do objeto destroçado, destituído de valor, com o qual ocorre a identificação. Na impossibilidade de se introjetar os aspectos bons do objeto, a introjeção passa a ter apenas o "devorar e ser devorado" como horizonte possível na relação com o outro, repercutindo diretamente na autoestima desses sujeitos .

Essa introjeção canibal do primeiro objeto de amor reflete o desamparo do sujeito diante das pulsões e deixa-o desprotegido diante da perda do objeto. Consequentemente, o sujeito passa a buscar nos objetos externos (no caso da CA, a comida) uma ilusão de preenchimento do sentimento de vazio com o qual não consegue lidar. Ou seja, o sujeito utiliza o alimento como substituto dos objetos faltantes em seu mundo interno; essa tentativa, porém, não é bem sucedida, e sua busca torna-se frustrante, incansável e incessante.

Outro ponto importante que pretendo abordar ao longo desse estudo é a clivagem apontada por Melanie Klein nos estados maníaco-deprimidos. Na compulsão alimentar, os pólos da clivagem seriam representados pela idealização da magreza e o impulso incontrolável de comer compulsivamente. O desejo de perfeição representado pelo pólo maníaco, nesse caso a idealização da magreza absoluta como única forma de beleza, felicidade e sucesso, nasce da angústia de desintegração psíquica que, por ser decorrente de formação superegoica arcaica, faz exigências contraditórias e impossíveis de atender.

Essa clivagem leva a um empobrecimento do ego. Os indivíduos que não conseguem sair dessa posição máxima de clivagem e dissociação do ego não conseguem entrar verdadeiramente em contato com a dor de suas perdas e não são capazes de elaborar a posição depressiva. Em decorrência disso, os desejos de reconstrução do objeto perdido e os desejos de reparação não surgem, levando a inibições e ,nos casos mais graves, à inviabilização para o trabalho e a vida social.

Freud[8] chamou de "escolha narcísica do objeto" a relação na qual self e objeto não se diferenciam, ou, colocando-o de forma mais kleiniana, quando ocorre uma profunda decepção com o primeiro objeto de amor, e consequentemente um aumento das pulsões orais-canibalísticas e a introjeção do objeto primário por via oral.

O narcisismo é uma opção para se proteger da dor. Entretanto, a dor psíquica é inevitável para o desenvolvimento. O narcisismo é uma camada que recobre o fato de que a posição depressiva não foi elaborada. A criatividade rebaixada mantém o sujeito passivo, impossibilitado de fazer algo próprio e único. No desenvolvimento normal, alcançamos a capacidade de originar ações criativas, enquanto no narcisismo conseguimos apenas uma imitação disso por meio da manipulação.

O crescimento exige que o sujeito suporte e atravesse muitos estágios ao longo de seu desenvolvimento. Exige suportar a vergonha e, às vezes, a humilhação ligadas ao estado de dependência, ao desejo de ser o que ainda não se é, ter de adquirir habilidades e autonomia e entender que nada é para sempre e que as negociações sempre envolvem perdas.

O mais difícil para o narcisista é entrar em contato com seu desamparo. Por isso, é compreensível que se sinta atraído por um circuito curto como a compulsão, que lhe permita alcançar imediatamente o que é almejado, mesmo que de forma precária e não duradoura.

Na teoria kleiniana, quando o sujeito passa por um profundo sentimento de perda, diferentemente da teoria de Freud, não há reativação de um sentimento narcísico primário, mas sim reativação dos conflitos ligados à posição depressiva. Mas ambas as teorias apontam que essas são estratégias para evitar a perda, o reconhecimento da condição de desamparo e a dependência dos objetos.

---

[8] FREUD, S. Luto e melancolia. *Edição Standard Brasileira das Obras Psicológicas Completas de Sigmund Freud*. v. 14. Rio de Janeiro: Imago, 1976.

Apresentei até aqui um esboço do percurso teórico que pretendo percorrer durante a pesquisa. Esse percurso sustenta que estariam envolvidos na compulsão alimentar, com maior ou menor relevância dependendo das singularidades de cada caso, os processos de clivagem do ego, as dificuldades em lidar com a perda do objeto amado, a representação simbólica comprometida e a precariedade das funções estimulantes e de continência da pulsão, além de um comprometimento psíquico arcaico ligado à introjeção canibal do objeto primário.

Pretendo também acompanhar um pouco do caminho rumo aos processos de simbolização, uma vez que os casos de CA apontam para as dificuldades desses sujeitos em sair da concretude da experiência, em formular pensamentos metafóricos que liberem o corpo e a comida da tarefa de representar emoções que nada tem a ver com eles. A capacidade simbólica e criativa, estagnada pela insistência e repetição das ideias relativas a alimentação e peso, não consegue substituir o ato que inibe a expansão do ego e a fluidez pulsional.

Numa tentativa de organizar de forma clara a apresentação dessa pesquisa, optei por uma abordagem decrescente do tema, ou seja, decidi apresentar as informações partindo das mais gerais para as mais específicas. Assim, distribuí os capítulos da seguinte forma:

No primeiro capítulo, farei uma pequena incursão no contexto sociocultural contemporâneo, abordando as questões referentes ao sujeito na contemporaneidade e principalmente tentando pensar o lugar privilegiado que o corpo ocupa tanto no atual momento histórico cultural quanto nos transtornos alimentares. A supervalorização e o excesso de cuidados dispensados ao corpo atualmente apontam para o declínio da interioridade e a exacerbação da exterioridade. Nesse contexto, as marcas do sofrimento, não podendo mais encontrar uma inscrição psíquica, ficam condenadas à inscrição corporal.

A psicanalista e pesquisadora Joana Novaes[9] sublinha que a vigilância e o controle sobre aparência é verificado facilmente pela atribuição que se faz de julgamentos morais e significados sociais para características estéticas. Dessa forma, o culto ao corpo torna-se inexorável e o peso aparece como critério fundamental de beleza e saúde. O controle exercido por meio da fiscalização e de um olhar minucioso acerca da aparência, legitimado pelo discurso médico científico, regulamenta as diferenças e, principalmente, determina padrões estéticos em termos do que é considerado normal ou anormal.

Nessa conjectura, a autora aponta que, a obesidade além de um desvio em relação ao padrão de beleza, também se apresenta como uma depreciação moral. O gordo carrega a dor e o fardo da exclusão social, pois a gordura é considerada uma característica de inferioridade, feiura, incapacidade, falta de controle e de amor próprio.

Em nenhuma outra época o corpo magro esteve em evidência como nos dias atuais, nem foi tão vinculado ao sentido de corpo ideal; essa realidade evidencia certo caráter maníaco da magreza em nossos dias. Não à toa, a milionária indústria do emagrecimento está cada dia mais sofisticada e próspera. Falsas dietas milagrosas, remédios controlados, procedimentos estéticos dolorosos, cirurgias plásticas e bariátricas de alto risco: vale tudo para ver o ponteiro da balança baixar e dessa forma sair do lugar de párea social.

No segundo capítulo, optei por apresentar um viés psiquiátrico dos TA's, pois acredito que o presente estudo pode ser relevante para estudantes e profissionais de todas as áreas envolvidas no tratamento multidisciplinar desses transtornos, além das pessoas que sofrem com a CA, seus amigos e familiares. Reforço

---
[9] NOVAES, J. *Com que corpo eu vou?* Sociabilidade e usos do corpo nas mulheres das camadas altas e populares. Rio de Janeiro PUC-Rio/Pallas, 2010.

aqui a importância de se desenvolver uma visão ampla e sem preconceitos sobre o tema, afinal, é essa visão vasta que nos trará a possibilidade de escolher o que utilizar e o que descartar nas nossas investigações e nos tratamentos.

No terceiro capítulo proponho um mergulho na psicanálise, no qual encontraremos a fundamentação teórica da pesquisa, desenvolvida a partir da teoria psicanalítica com enfoque na abordagem kleiniana. Para tanto, buscou-se refletir sobre a relação da compulsão alimentar com o comportamento aditivo e as questões referentes à imagem corporal.

No quarto capítulo, pretendo apresentar um pouco da clínica dos TAs numa tentativa de ilustrar as questões teóricas discutidas anteriormente. Escolhi alguns pontos que julguei relevantes no atendimento desses pacientes, como os primeiros contatos, o início do tratamento, sua prevalência na adolescência e na população feminina, além da importância das relações familiares na predisposição, precipitação e perpetuação desses transtornos.

Espero, dessa forma, conseguir mostrar uma visão geral e elucidativa sobre a CA, um fenômeno que se distancia do ato de alimentar-se e se aproxima de um ato de voracidade psíquica, no qual se come tudo, não importa o quê, até que o corpo não suporte mais. A partir das informações e ideias aqui relatadas, espero proporcionar ao leitor uma oportunidade de reflexão e questionamento sobre esse tema tão atual e cada vez mais presente nas conversas entre amigos, reuniões familiares, nos consultórios médicos e psicológicos e nos serviços de saúde especializados.

CAPÍTULO I

O MAL-ESTAR CORPORAL NA CONTEMPORANEIDADE

As Contradições do corpo

Meu corpo não é meu corpo,
é ilusão de outro ser.
Sabe a arte de esconder-me
e é de tal modo sagaz
que a mim de mim ele oculta

Meu corpo, não meu agente,
meu envelope selado,
meu revólver de assustar,
tornou-se meu carcereiro,
me sabe mais que me sei.

Meu corpo apaga a lembrança
que eu tinha de minha mente.
Inocula-me seus patos,
me ataca, fere e condena
por crimes não cometidos.
[...]

Meu prazer mais refinado
não sou eu quem vai senti-lo.
É ele, por mim, rapace,
e dá mastigados restos
à minha fome absoluta.
[...]

(Carlos Drummond de Andrade)

A incidência e os estudos sobre transtornos alimentares (TA´s) cresceram significativamente nas últimas décadas. Quando pesquisamos sobre o aumento dessa sintomatologia nos nossos dias temos que levar em consideração, primeiramente, sua etiologia multifatorial. Os seguintes fatores, combinados de forma complexa, estão envolvidos na etiologia dos TA's: Genéticos e biológicos; Psicológicos; Familiares e Socioculturais. Nesse primeiro capítulo lançaremos nosso olhar para os aspectos sociais e culturais de nossa época, que nos oferecem elementos para tentar entender o crescimento da incidência desses transtornos em nossos consultórios, hospitais e serviços de saúde mental.

O impacto da cultura sobre a organização psíquica dos indivíduos, e consequentemente sobre a constituição de uma psicopatologia peculiar aos diferentes tempos, não é uma novidade na história da psicanálise; pelo contrário, vem acompanhando-a desde o início.

Para Freud[1], o processo civilizatório é marcado pela renúncia e pelo sentimento de insatisfação que os homens experimentam vivendo em sociedade. O resultado disso é o mal-estar na civilização. Esse mal-estar é produzido pelo conflito irreconciliável entre as exigências pulsionais e as restrições da civilização. No texto "Moral sexual civilizada e doença nervosa moderna"[2], Freud chama atenção para as influências da civilização sobre as doenças nervosas e destaca, como principal influência para essas doenças, a "repressão nociva da vida sexual dos povos civilizados através da moral sexual civilizada que os rege". Nessa época, o puritanismo, os tabus e a enorme rigidez contra os impulsos sexuais poderiam dar razões para se afirmar que o mal-estar surgisse das restrições à vida sexual. Contudo, nos dias de hoje a liberdade sexual é muito mais tolerada e outros fatores também vem sendo preponderantes nas crises de ansiedade e de neuroses.

---

[1] FREUD, S. O mal-estar na civilização. In: FREUD, S. *Edição Standard das Obras Completas de Sigmund Freud*. v. 21. Rio de Janeiro: Imago, 1930.

[2] FREUD, S. (1908). Moral sexual "civilizada" e doença nervosa moderna. In: FREUD, S. *Edição Standard Brasileira das Obras Psicológicas Completas de Sigmund Freud*. v. 9. Rio de Janeiro: Imago, 1996, p. 191.

Pensando esse mesmo tema, Renato Mezan[3] faz uma breve exposição da situação socioeconômica na sociedade ocidental do final do século XIX, relacionando as exigências do capitalismo em seu período de implantação à repressão das pulsões. O autor argumenta que nesse período havia grande necessidade de trabalho intensivo, de muitas horas, para a produção de poucos bens que eram desfrutados por poucas pessoas. Compara essa situação da organização social e econômica, com seus valores e ideias, ao período posterior, no qual a industrialização resultou na multiplicação da produção de bens, valendo-se de um número bem menor de horas de trabalho.

Conclui então que, se num primeiro momento a repressão era necessária não apenas como prática cotidiana concreta, mas também como ideário de uma sociedade em período de implantação da industrialização, já que era necessário que o esforço da maior parte da população se dirigisse ao trabalho, em um segundo momento a sociedade pós-industrial necessita de consumidores. Nas palavras do autor, passa-se do "domínio do chicote para o domínio da cenoura".

Continuando nosso percurso histórico, podemos mencionar o aumento da literatura que esteve na origem do movimento da antipsiquiatria nas décadas de 1960-1970, período em que psicoses, particularmente a esquizofrenia, ocuparam lugar de destaque nas reflexões de diversos autores. Rolland Jaccard[4], inspirado em autores da antipsiquiatria, defendeu de forma bastante incisiva a relação entre esquizoidia e civilização moderna.

Segundo Jurandir Freire Costa[5], a partir de 1970 "novos termos são lançados no mercado de bens simbólicos com a fina-

---

[3] MEZAN, R. Psicanálise e cultura, psicanálise na cultura. In: MEZAN, R. *Interfaces da Psicanálise*. São Paulo: Companhia das Letras, 2002.
[4] JACCARD, R. *El exilio interior*. Barcelona: Azul editorial, 1999.
[5] COSTA, J. F. *O vestígio e a aura: corpo e consumismo na moral do espetáculo*. Rio de Janeiro: Garamond, 2004, p. 44.

lidade de caracterizar as novas modalidades de subjetividade que estavam se constituindo". Dentre esses termos destacam-se a "sociedade do espetáculo" do autor francês Guy Débord, em 1994, e a "cultura do narcisismo", do norte americano Christopher Lasch, em 1979. Os dois autores buscam um conceito que possa definir o estilo de vida dos indivíduos e a relação entre eles na contemporaneidade.

Ao acompanhar o percurso dos trabalhos citados acima, pode-se dizer que passamos de um "exílio interior" para um "cultivo das aparências". O "exílio interior" foi a expressão empregada por Jaccard para indicar a supremacia das relações fantasísticas sobre as relações reais, do imaginário individual sobre o social; para indicar, enfim, a esquizoidia promovida pelas sociedades industriais e capitalistas centradas sobre o indivíduo, o lucro e a competição[6].

Já a expressão "cultivo das aparências" é usada aqui para condensar as ideias sobre as subjetividades da contemporaneidade, com base nas interpretações de Débord e Lasch. Essas interpretações encontram um ponto comum quando tratam dos imperativos da exaltação do Eu e da estetização da existência[7]. As patologias contemporâneas revelariam, por um lado, os fracassos diante desses imperativos, como na depressão e na síndrome do pânico e, por outro lado, uma tentativa de adesão a eles por meio de um excessivo apego ao corpo na exteriorização do sofrimento, como nos sintomas somáticos e nas adições em geral.

Seguindo essa linha de raciocínio, pode-se afirmar que as patologias trazem em si um traço de sua época. Por isso, deve-se levar em conta a maneira como o sofrimento do indivíduo aparece em determinado momento histórico em relação ao mal-estar desse momento.

---

[6] JACCARD, R. op. cit.
[7] COSTA, J. F. op. cit., p. 194.

Segundo Mezan,

> [...] na época de Freud a sociedade era mais rigidamente patriarcal e com valores claramente identificáveis, nossa época tornou-se mais relativista e fragmentária. Os ritmos de mudança na sociedade contemporânea se tornaram alucinantes, deixando os indivíduos desorientados e pressionados pelas exigências do dia-a-dia[8].

A contemporaneidade é marcada pela ausência de uma lei mais homogênea, de referências ordenadoras unificadas e de um *telos* (termo grego que designa senso de futuro) orientador desse sujeito radicalmente livre. Numa perspectiva temporal, se na modernidade havia uma ruptura diferenciada com o passado, a contemporaneidade será mais radical no rompimento, mas sem uma esperança de futuro, passamos a viver numa zona do presente radical; o que vale para o sujeito contemporâneo é o aqui e o agora, sobretudo no sentido de sua realização individual.

Pode-se dizer, grosso modo, numa tentativa de dar um breve exemplo comparativo entre esses períodos históricos, que enquanto na sociedade clássica a felicidade do indivíduo era concebida como projeto de Estado, e na modernidade possuía certo sentido de projeto coletivo, na contemporaneidade o projeto torna-se individual e resume-se na obtenção do próprio prazer.

Segundo Lasch[9], a preocupação com o indivíduo, tão característica de nossa época, assume a forma de uma preocupação com a sobrevivência psíquica. O Eu narcisista (ou o "Eu mínimo" como denomina o autor) é, antes de tudo, um Eu inseguro de seus próprios limites, e a individualidade é uma resposta defensiva às inseguranças do EU, mas também se origina de uma transformação social. Ou seja, para o autor, nossa cultura tem apre-

---

[8] MEZAN, Renato. O Mal-Estar na Modernidade. *Revista Veja*. São Paulo, p. 68-70, dez. 2000.
[9] LASCH, C. A. *O mínimo eu*: Sobrevivência psíquica em tempos difíceis. São Paulo: Brasiliense, 1987.

sentado, como traços característicos, a ironia defensiva, o descompromisso emocional, a relutância em assumir compromissos mais sérios e o sentimento de impotência. Essas características originam-se de uma mudança social mais profunda, como foi dito acima, que promoveu a substituição de um mundo confiável, de objetos duráveis, em um mundo de imagens frágeis e oscilantes. Para Lasch, essas transformações são uma consequência, em um primeiro momento da organização econômica em torno da produção em massa e, mais recentemente, da comunicação e do consumo de massa.

Lasch (1987) afirma que as sociedades baseadas na produção, consumo e comunicação em massa estimulam uma exacerbação das imagens e impressões superficiais. As pessoas perdem a iniciativa e a autoconfiança, encontrando-se numa eterna ansiedade e desconforto, estimulando a busca de objetos oferecidos pelo mercado. O indivíduo aprende a avaliar-se frente aos outros, tendendo a moldar o Eu como mais uma mercadoria disponível para consumo nas propagandas publicitárias e prateleiras do mercado.

Desse ponto de vista, há atualmente uma substituição do predomínio de referências simbólicas tradicionais pela proliferação de imagens propostas enquanto ideais identificatórios, por isso fala-se em uma "Era da Imagem". Nesse sentido, Guy Debord, em sua importante obra *A Sociedade do Espetáculo*[10], precursora de todo um conjunto de análises que enfatizam a preponderância da dimensão imaginária nas relações sociais contemporâneas, considera que "[...] o espetáculo é a afirmação da aparência e a afirmação de toda vida humana – isto é, social – como simples aparência"[11]. Em outras palavras, o espetáculo não é um conjunto de imagens, mas a relação social entre as pessoas, mediada por imagens, como evidenciam as redes sociais e as infindáveis selfies.

---
[10] DEBORD, G. *A Sociedade do espetáculo*. Rio de Janeiro: Contraponto, 1997.
[11] Idem, p. 16.

O autor assinala que, após ter havido em nossa vida social uma evidente degradação do *ser* para o *ter*, há atualmente um deslizamento do *ter* para o *parecer*. Assim, o espetáculo, como tendência a *fazer ver* o mundo, serve-se da visão como sentido privilegiado da pessoa humana, que se torna consumidora de ilusões imagéticas.

Segundo Lipovetsky[12], nossa contemporaneidade constitui uma nova fase na história do individualismo ocidental. Para ele, a era da revolução, do escândalo e da esperança futurista ficou para trás, na época atual estamos vivendo uma segunda fase da sociedade do consumo em que reina a indiferença de massa e na qual, na falta de ídolos e de crédito nas ideologias políticas, ou seja, na ausência de valores universais, a autonomia privada é o que passa a ser valorizado. Para o autor, o que domina nessa época é o sentimento de vazio, estagnação e solidão, em que a sensação ilusória difundida de que podemos tudo conduz a um sentimento de apatia e depressão.

Isabel Fortes em seu artigo "A dimensão do excesso no sofrimento contemporâneo" (2008), afirma que no contexto sociocultural atual o sujeito é incitado a "tornar-se si mesmo", um movimento que traz como consequência a mudança da responsabilidade por nossas vidas, que antes se alocava no mundo coletivo, e agora recai totalmente sobre nós mesmos.

No entanto, a autora deixa claro que a liberação em relação às exigências sociais não significa o fim das pressões sociais, pelo contrário, se antes havia a coação proveniente dos interditos, agora existe a imposição da performance. Vemos assim que nas psicopatologias contemporâneas o sujeito sente-se impossibilitado de responder às demandas suscitadas por essa paradoxal liberdade de escolha, e completa:

---

[12] LIPOVETSKY, G. *A era do vazio:* Ensaios sobre o individualismo contemporâneo. Lisboa: Relógio D'Água, 1983.

> Em vez de nos culparmos pelo nosso desejo, atormentamo-nos por não conseguir alcançar o nosso ideal de ser. Há um permanente sentimento de vazio que se configura entre o que somos e o que almejamos ser. Se por um lado, a atualidade não tem a culpa como motor da produção de subjetividade, o vazio subjetivo se delineia hoje como um dos efeitos do próprio excesso. Num mundo sem mediação, fica-se à mercê da lógica do tudo ou nada.

Lipovetsky afirma que o ideal moderno de subordinação do individual às regras racionais coletivas foi pulverizado e que na contemporaneidade o valor fundamental passou a ser a realização pessoal e o respeito pela singularidade subjetiva. E corroborando a ideia de Lasch, aponta para a erosão dos pontos de referência do Eu e, consequentemente, para ocorrência de problemas na identidade pessoal:

> [...] o Eu se vê corroído, esvaziado de identidade. A identidade do Eu vacila também quando se afirma a identidade entre os indivíduos, quando todo e qualquer ser torna-se um "semelhante", conforme os princípios democráticos e de igualdade característicos de nossa sociedade[13].

Assim sendo, o direito do indivíduo de ser absolutamente ele próprio, segundo o autor, é inseparável de uma sociedade que alçou o indivíduo livre como valor principal, e deixa de ser apenas uma manifestação da ideologia individualista. Dessa forma, há uma passagem, na sociedade, das regras universais para as particulares, havendo consequentemente o fim do *homo politicus* e o advento do *homo psychologicus*. A esfera privada passa a ser mais valorizada numa sociedade intimista, e o corpo é promovido à categoria de verdadeiro objeto de culto; com isso, temos as obsessões com a saúde, a forma e a higiene, bem como o imperativo da juventude. Ocorre também o hiperinvestimento do Eu, no sentido de uma busca interminável de si.

---

[13] LIPOVETSKY, G. 1983, p. 37.

Um exemplo dessa ideologia individualista encontrada na sociedade do espetáculo são os *reality shows*, os blogs e as redes sociais que levam detalhes banais do cotidiano para a esfera pública. As instâncias sociais regidas pelo sistema espetacular são baseadas na contemplação passiva dos acontecimentos, em que os indivíduos, em vez de viverem autonomamente, olham com avidez para as ações dos outros, por meio dos diversos dispositivos existentes,que não param de se multiplicar e inovar .

Para Eugênio Bucci e Maria Rita Kehl,

> [...] o que nos diferencia hoje de outros períodos da modernidade é a espetacularização da imagem e seu efeito sobre a massa dos cidadãos indiferenciados, transformados em plateia ou em uma multidão de consumidores da aparente subjetividade alheia.[14]

Nesta obra utilizei fragmentos da autobiografia de uma jovem que sofreu com os TA's desde os nove anos de idade. A exposição a que essa jovem se submete por meio de seu relato não deixa de ser um retrato da moral do espetáculo. Os TA's de um modo geral prestam-se muito bem à espetacularização; os corpos cadavéricos das anorexias, as porções gigantescas consumidas durante a CA e a oscilação constante do peso são captados e julgados facilmente pelo olhar alheio. O relato autobiográfico de Marya Hornbacher será útil no contexto desse trabalho para ilustrar alguns comportamentos e ideias dos pacientes com TA's; mas não podemos deixar de levar em conta que a atitude da autora ao expor sua doença em um livro remete à valorização da esfera privada e ao superinvestimento do eu, nesse caso identificado com a doença (identificação essa que está na raiz dos TA's).

Vemos, desse modo, que dentro do atual contexto histórico e cultural, assim como no contexto específico dos TA's, o corpo destaca-se como lugar privilegiado de investimento. Esse

---

[14] BUCCI, E.; KEHL, M. R. *Videologias:* ensaio sobre televisão. São Paulo: Boitempo, 2004, p. 66.

lugar de destaque dispensado ao corpo na contemporaneidade e nos TA´s é inegável e ao mesmo tempo bastante relevante para atual pesquisa.

O lugar central do corpo na sociedade ocidental nos remete ao avanço das ciências biológicas e tecnologias médicas nas últimas décadas, que produziu um crescimento enorme no campo dos saberes sobre o corpo e nos trouxe benefícios significativos, como o prolongamento da expectativa de vida, a cura, prevenção e tratamento de muitas doenças etc. No entanto, também é preciso salientar os aspectos negativos do culto ao corpo que surgem quando este se converte em uma obsessão, na qual saúde e beleza passam a ser exigências morais impostas a todos, principalmente as mulheres.

Novaes[15] nos lembra que a preocupação excessiva com a aparência vem sendo chamada de corpolatria, essa obsessão faz com que a beleza corporal seja percebida como uma dimensão essencial da identidade, que apesar de ser claramente uma inversão de valores, já está internalizada por uma grande parte da população. A tríade juventude, beleza e magreza é vista hoje como dever social, ou seja, deixou de ser uma qualidade estética para virar um valor moral. Aqueles que não se encaixam nos padrões normativos são julgados moralmente como preguiçosos, desonestos e incapazes. É a patologização da feiura e da gordura, e essa realidade produz sofrimento, preconceito e estereótipos depreciativos.

Os cuidados com o corpo podem, por um lado, apontar para uma experiência saudável consigo mesmo e com os outros, mas em alguns casos vem se tornando o único ideal de vida, provocando um esvaziamento de projetos coletivos e dando lugar a um investimento desproporcional no corpo, que nos remete a inquietações, incoerência interna, subjetividade esvaziada de valores e afetos, na qual só o que resta é a aparência.

---

[15] NOVAES, J, 2010.

Maria Rita Kehl[16] discorre sobre o corpo contemporâneo como "máquina falante", forjado a partir dos avanços científicos e visto como coisa e propriedade do Eu, devendo por isso ser cuidado com tamanho zelo na atualidade. Além de resgatar os sentidos do corpo para a psicanálise, concebido como contorno narcísico do Eu, dimensão psicológica para além do mero corpo biológico, a autora aborda a noção de corpo social.

Kehl trata do corpo-objeto para além do privado, pertencente ao universo simbólico social, formado pela linguagem e, portanto, construído e desconstruído no social; refere-se ao social como determinante da aparência, da expressividade e da saúde dos corpos; e do corpo vendido nas imagens dos meios de comunicação, efeito de um discurso sustentado socialmente.

A autora discorre acerca do poder do discurso social e seus efeitos sobre os corpos individuais, do Outro da linguagem falando os corpos, conferindo-lhes lugar e legitimidade de existir, desde os primeiros contatos com a mãe até as práticas culturais adultas. Outra linha de argumentação da autora organiza-se a partir da plasticidade da pulsão, para falar de um corpo e seus sintomas em consonância com os ditames da cultura, de um corpo plástico, pulsional e redesenhado pelo social; desse corpo atrelado ao Outro (mãe e cultura) também derivam seus ideais do ego, ideais de corpo.

Está ocorrendo na atualidade algo como um excesso de cobrança e vigilância do sujeito pelo social, operado pelo discurso científico-capitalista e disseminado pelos meios de comunicação, que fornecem as regulações sobre a saúde e os cuidados do corpo. A princípio, esse discurso capitalista oferece infinitas possibilidades de consumo; mas logo decorre o problema de que o acesso a esses "bens corporais", sobretudo as técnicas cirúrgicas e farmacológicas, são para poucos. E o pior: mesmo que se intervenha

---

[16] KEHL, M. R. As Máquinas Falantes. In: NOVAES, Adauto (Org.). *O Homem-Máquina:* a ciência manipula o corpo. São Paulo: Cia. das Letras, 2003.

no corpo, em sua plasticidade e longevidade, nenhum socorro técnico ou fármaco pode aliviar o estado humano de finitude, evitando seu encontro com a morte.

Ainda segundo Kehl, esses excessos podem estar submetidos a um Outro impessoal, o mercado extremamente ditatorial que desrespeita as particularidades dos sujeitos e seus corpos em nome de uma homogeneização corporal. Um Outro que simplifica e reduz as capacidades de simbolização a um mero exercício estético-corporal, por meio da imposição de um modelo único e inviável para a maioria das pessoas, torna-se capaz de produzir uma instância geradora de vergonha e culpabilidade, fomentando um ideal do ego que se reduz a um ideal de corpo.

Esse discurso social sobre o corpo massificante e homogeneizante, que circula nos ditames da higiene e dos cuidados com a saúde corporal, precisa dar espaço para outro que enfatize as possibilidades relativas as diferenças e a heterogeneidade dos corpos, ou seja, os cuidados da pessoa como um todo, inclusive em sua condição ética, subjetiva e social.

Mas há esperança, acreditem, já é possível encontrar algumas vozes dissonantes que buscam a valorização das diferenças, na tentativa de desvincular saúde e beleza de um padrão único de corpo. Nos últimos anos, começaram a surgir movimentos em diversos países, estimulando a apreciação do corpo que se possui (corpo real e possível), por meio de variadas abordagens, como movimentos feministas, ações judiciais e recomendações proferidas por diferentes organizações médicas. Nesse mesmo contexto, vem ocorrendo proibições governamentais de desfiles de moda com modelos exageradamente magras e companhas publicitarias que exaltem a magreza excessiva. A indústria e o mercado começam a sentir a pressão, algumas marcas até vem fazendo pesquisas sobre a relação entre padrões e estereótipos de beleza com a baixa autoestima das mulheres.

Correndo o risco de parecer demasiadamente otimista, pois ainda temos um longo caminho a percorrer, acredito que este seja uma espécie de movimento contra cultura vigente, questionando o que se cognominou de "ditadura da magreza". Trata-se de um avanço, uma reivindicação no sentido de pressionar para que se autorize midiaticamente a vinculação de novos corpos; com suas singularidades e imperfeições. Corpos mais naturais que reflitam a realidade da grande maioria da população. Afinal, beleza e saúde não são exclusividades de corpos magros. Nem todo sujeito magro é saudável, assim como o sobrepeso não é sinônimo de doença, precisamos questionar as informações infundadas que são propagadas como verdades absolutas.

O pânico social em relação a engordar ou ser gordo é muito mais estético do que uma preocupação com a saúde, o gordo é estigmatizado como preguiçoso, alguém que falhou em cuidar de si. No entanto, o peso é um registro do nosso corpo e de suas atividades, ninguém vai morrer porque esta abaixo ou acima do peso, mas sim pelos hábitos e comportamentos que levaram a isso, ou seja, a alimentação, o sedentarismo, o tabagismo e o estresse excessivo são os verdadeiros indicadores de uma vida saudável, independente se o sujeito é magro ou gordo.

Um recente estudo realizado por Janet Tomiyama, professora de psicologia da Universidade da Califórnia (UCLA), analisou a ligação entre o IMC e a doenças cardiometabólicas (pressão sanguínea, triglicéridios, colesterol, glicose, resistência à insulina e proteína C-reativa), descobriu que 54 milhões de americanos classificados como tendo sobrepeso e obesidade estavam saudáveis e livres dos problemas pesquisados, enquanto 21 milhões de americanos classificados como eutróficos (peso normal) apresentam patologias cardiometabólicas.

Segundo a autora, muitas pessoas veem a obesidade como uma sentença de morte, porém os dados encontrados em sua pesquisa demonstram que existem milhões de pessoas com sobrepeso ou obesos e que são perfeitamente saudáveis. Utilizar apenas o IMC como indicador de saúde não é apropriado, temos que nos preocupar menos com o peso na balança e concentrar nossa atenção em uma alimentação diversificada e na prática de atividades físicas regulares.

Recapitulando, como vimos até aqui, há atualmente uma valorização excessiva do Eu por meio da imagem, em detrimento da interioridade e da reflexão sobre si mesmo. O sujeito contemporâneo transforma os ideais coletivos em ideais individuais e, frente a um processo histórico único, vemos que a tradição deixa de ser concebida como fonte de sustentação para as atividades humanas. Como afirma Birman[17] "a quebra de valores que até então sustentava a concepção de sujeito desembocou em uma perda de referências de tal ordem que, na atualidade, o próprio universo simbólico ao qual o sujeito se encontrava remetido, deixou de servir de suporte".

Lipovetsky utiliza a expressão "era do vazio", para falar de um momento no qual são comuns as perturbações narcísicas, caracterizadas por um mal-estar difuso e invasor, um sentimento de vazio interior. Nessa mesma direção, Lasch[18] também considera ser comum atualmente "[...] a experiência do vazio interior, o aterrorizante sentimento de que, em algum nível da existência não sou ninguém, de que minha identidade entrou em colapso e lá no fundo não existe ninguém". Trata-se, enfim, da forma como estamos conseguindo lidar com os sentimento de solidão e desamparo.

O antídoto para a inevitável sensação de esvaziamento, solidão e frustração parece ser a busca de prazer fugaz e desencarnado, que tem como consequência o esgarçamento dos tecidos sociais. Na cultura da imagem, o corpo ganha destaque e passa a ser lugar da experiência com os excessos. O corpo é

---

[17] BIRMAN, J. *Mal-estar na atualidade*. Rio de Janeiro: Civilização Brasileira, 2001, p. 43.
[18] LASCH, C. op.cit., p. 47.

objeto dos mais sofisticados cuidados, mas também, em função dessa obsessão, torna-se objeto dos maus tratos mais cruéis.

Segundo Lasch, o declínio institucionalizado da autoridade em nossa sociedade não leva a um "declínio do superego" dos indivíduos mas, pelo contrário, encoraja o desenvolvimento de um superego severo e punitivo (arcaico). A instância superegoica "clássica" se esvaziaria de sua função mantenedora da lei e de lidar com o princípio da realidade, com a alteridade e a construção de ideais. No lugar desse superego clássico, se instalaria um superego arcaico, e no lugar do ideal do ego, um ego ideal tirânico e inalcançável.

Trazendo essa ideia para o contexto dos TA's, podemos dizer que mais do que um superego herdeiro do complexo de Édipo, esses sujeitos apresentam um ego ideal verdadeiramente tirânico, que concentra suas exigências na experiência do corpo. Os pacientes parecem perder-se no espelho mortífero do ego ideal, que reflete a imagem do corpo imortal, fálico, indestrutível.

Maria Helena Fernandes[19] utiliza o termo "hipocondria da imagem" para falar da exagerada preocupação com a imagem corporal, rigorosamente verificada no espelho do olhar do outro. Para a autora, a auto-observação do corpo, de tonalidade tipicamente hipocondríaca, encontra-se presente em praticamente todas as jovens de nosso tempo. Os comentários sobre a aparência do corpo ocupam lugar de destaque nas conversas e preocupações do sujeito contemporâneo.

A "hipocondria da imagem" parece constituir-se como um meio de expressar o mal-estar e uma tentativa de descrição de processos internos que, na impossibilidade de serem descritos enquanto mal-estar psíquico, insatisfações, frustrações, tristezas e decepções, são expressos por meio de um relato sobre as insatisfações com o próprio corpo.

---

[19] FERNANDES, M. H. *Transtornos Alimentares*. São Paulo: Casa do Psicólogo, 2006.

Vivemos a ditadura da forma física, entretanto, quanto mais se manifesta a obsessão pela magreza, mais vemos fracassar o propósito desse padrão de corpo-magro como modelo universal. Enquanto as mídias e o mercado encarregam-se de prover os sujeitos de todos os tipos de artefatos e acessórios capazes de oferecer a ilusão da maleabilidade do corpo (drogas milagrosas, pílulas mágicas, cirurgias, produtos light, sem glutén nem lactose, dietas da moda etc.), observa-se um aumento alarmante nas taxas de obesidade da população geral (como demonstramos numericamente na introdução).

Fernandes faz uma colocação que considero bastante pertinente sobre o assunto:

> A meu ver, a preocupação com a alimentação tem se convertido no fetiche privilegiado do controle do corpo na pós-modernidade. É o corpo fetichizado que parece servir de estandarte ao projeto higienizador e totalitário de controle da existência humana pós-moderna. Hanna Arendt[20] ressalta que uma das formas do totalitarismo é a tentativa de automatizar e padronizar a existência humana. Atualmente tudo precisa ser cuidadosamente controlado, inclusive o afeto e o tempo. A lógica da exterioridade responde à exigência de eficácia mercadológica; o sujeito eficiente é aquele que não se deixa perturbar pelos seus afetos e aproveita produtivamente o tempo. Talvez não seja mero acaso se na psicopatologia contemporânea é justamente o eixo controle-descontrole que caracteriza a prevalência da lógica aditiva nas formas de apresentação do sofrimento atual[21].

Para concluir esse breve olhar sobre o mal-estar corporal e social atual, apresento o relato de Marya Hornbacher, ilustrativo do ponto de vista de uma pessoa com TA sobre a relação entre esses transtornos e a cultura contemporânea.

---
[20] ARENDT, H. *A condição humana*. Rio/São Paulo: Forense Universitária, 2000. Apud. FERNANDES, M. H. *Transtornos Alimentares*. São Paulo: Casa do Psicólogo, 2006.
[21] FERNANDES, M. H. op. cit. p. 279.

> Embora a família de uma pessoa com transtorno alimentar desempenhe um papel bastante crucial na criação de um ambiente no qual o transtorno possa se desenvolver como uma flor de estufa, eu acredito que o ambiente cultural é igualmente, se não mais, culpado da absoluta popularidade dos transtornos alimentares. Havia inúmeros métodos de autodestruição disponíveis para mim, incontáveis saídas que poderiam ter canalizado minha determinação, minha intensidade, milhões de maneiras com as quais eu poderia ter reagido a uma cultura que considerava altamente problemática. Eu não escolhi essas maneiras. Eu escolhi um transtorno alimentar. Não consigo deixar de pensar que, caso eu vivesse numa cultura em que a "magreza" não fosse vista como um estranho estado de graça, eu poderia ter buscado outras maneiras de alcançar esta graça, talvez uma maneira que não tivesse danificado meu corpo tão gravemente e distorcido tão radicalmente o meu senso de quem eu sou[22].

Tanto na literatura sobre os TA's quanto na experiência clínica existe a concordância que o surgimento de um TA está ligado a uma multiplicidade de fatores combinados de forma complexa entre si, e que devem ser considerados em conjunto. Esses fatores que compõem a etiologia dos TA's são os constitucionais (genéticos e biológicos), psicológicos (intra-psíquicos), familiares e socioculturais.

Seria ingênuo acreditar que apenas as mudanças socioculturais referentes à contemporaneidade, apresentadas ao longo desse capítulo, pudessem determinar direta e exclusivamente as condutas alimentares patológicas. Por outro lado, é impossível negar o papel que a cultura e a sociedade em que vivemos e na qual nos constituímos enquanto sujeitos, possui na etiologia, precipitação e manutenção dos TA's.

---

[22] HORNBACHER, M. *Dissipada*. Rio de Janeiro: Record, 2006, p. 13.

CAPITULO II

OS TRANSTORNOS ALIMENTARES NA VISÃO PSIQUIÁTRICA

O Espelho

Olhei e recuei. O próprio vidro parecia conjurado com o resto do universo; não me estampou a figura nítida e inteira, mas vaga, esfumada, difusa, sombra de sombra. A realidade das leis físicas não permite negar que o espelho reproduziu-me textualmente, com os mesmos contornos e feições; assim devia ter sido. Mas tal não foi a minha sensação. Então tive medo; atribuí o fenômeno à excitação nervosa em que andava; receei ficar mais tempo, e enlouquecer.

(Machado de Assis)

A psicanálise definiu-se numa perspectiva epistemológica que sempre se diferenciou do paradigma biológico da psiquiatria, pois não abre mão da relativa autonomia do psiquismo e da abertura à singularidade do sujeito. O presente trabalho baseia-se em um referencial teórico psicanalítico e pretende buscar na metapsicologia os elementos para compreender e dar suporte à construção conceitual da CA.

Entretanto, também considero extremamente importante, para uma compreensão ampla do tema aqui proposto, um mergulho na classificação psiquiátrica dos TA's. Deixando claro que esse mergulho não pressupõe que adotarei uma visão biológica ou generalizante da CA, mas tentarei salientar a necessidade de um diálogo com profissionais de diversas áreas para que, a partir dessa interlocução, possamos construir uma visão multidisciplinar sobre o tema.

Os TA´s estão associados a uma série de sintomas que comprometem a saúde do paciente, oferecendo riscos de desenvolverem sequelas permanentes ou mesmo fatais. Em função da abrangência de tais sintomas e da etiologia multifatorial desses transtornos, o tratamento mais adequado é aquele levado a cabo por uma equipe, que aborde seus múltiplos aspectos. A equipe multidisciplinar funciona como uma rede de sustentação para o paciente, que encontra nos vários profissionais a possibilidade de múltiplas transferências, tornando-se mais profícua a possibilidade de adesão ao tratamento.

O trabalho em equipe multidisciplinar compreende a parceria entre os diferentes profissionais e setores de saúde, visando o cuidado integrado do paciente. A maneira como os profissionais articulam o trabalho dentro da equipe pode variar em função do tipo de relação que se estabelece entre eles. No entanto, independentemente das diferenças, o tratamento especializado em equipe multidisciplinar tem-se mostrado significativamente mais eficaz do que atendimentos isolados e/ou não especializados.

A estrutura básica dessas equipes é composta por psiquiatra, psicólogo, nutricionista e clínico geral. Outros profissionais como endocrinologista, terapeuta ocupacional, enfermeiro, educador físico, fisioterapeuta, também podem fazer parte da equipe e contribuir de maneira relevante para o sucesso do tratamento. É possível observar um efeito indireto derivado do trabalho interativo dos profissionais no tratamento dos pacientes, pois a equipe forma uma rede de sustentação firme capaz de conter os sucessivos movimentos de progressão e recuo apresentados com bastante frequência nesse contexto. Por ser uma doença egosintônica, muitas vezes é difícil para o paciente aceitar o tratamento, alguns chegam a descrever o TA como um estilo de vida, desconsiderando completamente suas implicações e devastadoras consequências físicas, psíquicas e relacionais.

A prática clínica demonstra que, ao longo do tratamento, os pacientes desenvolvem vínculos com certos profissionais, enquanto em relação a outros podem demonstrar sentimentos de rivalidade e hostilidade. A equipe está sujeita a manipulações, conscientes e/ou inconscientes, por parte dos pacientes e seus familiares, que as vezes tentam estabelecer pactos, "jogar" um membro da equipe contra o outro ou até mesmo desqualificar um atendimento em detrimento de outro. Por isso, é preciso manter a comunicação em dia entre os profissionais e o foco sempre no objetivo comum, fugindo assim dos mal entendidos, das vaidades, manipulações e de questões pessoais.

Como foi mencionado acima, em muitos casos o paciente opõe-se ao tratamento e os profissionais têm que ser cuidadosos para não interpretar essa oposição como um desafio às suas condutas, mas sim como manifestação da doença. Muitas vezes a equipe experimenta, ao longo do tratamento, sentimentos de impotência e frustração. Essas reações contratransferenciais refletem frequentemente os sentimentos de incapacidade e baixa autoestima que o paciente experimenta em relação a sua própria vida.

A abordagem psicanalítica tem sido considerada uma terapêutica indicada para o tratamento dos TA's, especialmente se integrada em uma equipe multidisciplinar, devido às complicações clínicas e ao risco que esses pacientes apresentam. A psicanalista Marina Ramalho Miranda, sustenta que:

> A presença do psicanalista integrando a equipe multidisciplinar de atendimento abre frestas no mundo hermético dos transtornos alimentares, favorecendo a revisitação e o exercício da linguagem falada, reaproximando essas mentes sofridas e danificadas pela força de defesas destrutivas que as isolam e enclausuram, reconduzindo-as ao mundo da interação fértil. A viva troca nutritiva que a pre-

sença e a linguagem instauram conduz ao reino do pensamento simbólico, ao reino do sonhado e do imaginado, tão inibidos no universo dos transtornos alimentares.[1]

Contudo, para que seja possível desenvolver um trabalho multidisciplinar é preciso antes de mais nada superar dificuldades, preconceitos e prejulgamentos. O primeiro passo para que isso aconteça é se dispor a adentrar outros territórios, pertencentes a saberes desconhecidos, mediante a abertura à interlocução com ocupantes de áreas distintas, que podem ter posições diferentes, mas que ainda assim são passiveis de diálogo.

Neste momento proponho ao leitor um mergulho na concepção psiquiátrica dos TA's, pois realmente acredito que sem essas informações uma postura multidisciplinar seria impossível – e não me parece que seja viável pensar o tratamento da CA sem essa visão multidisciplinar. É importante salientar que a imersão na concepção psiquiátrica não nos impede de ter um olhar crítico e criterioso sobre essa abordagem; mesmo assim, acredito que apesar das diferenças óbvias entre a psicanálise e a psiquiatria quanto à visão de sujeito e de doença, essa ótica pode acrescentar uma nova dimensão a nossa compreensão das patologias alimentares.

Fernandes[2], em sua obra sobre os TA's, afirma que os psicanalistas devem manter-se informados acerca das discussões que esses transtornos vêm provocando em outros domínios do conhecimento. Diz ela:

> Talvez muitos concordem que, particularmente nós, psicanalistas, em geral parecemos pouco habituados ou pouco interessados em visitar o terreno alheio se este terreno é o da psiquiatria. Qualquer um que se aproxime

---
[1] MIRANDA, M. R. Disponível em: <http://psicanáliseblog.com.br/2015/07/13/transtornos-alimentares/>. Acesso em: 19 fev. 16.
[2] FERNANDES, M. H. op cit, p. 27.

corre o risco de se ver acusado de medicalizar a psicanálise, como se a proximidade com esse terreno colocasse em risco as fronteiras epistemológicas que separam o discurso psicanalista do discurso psiquiátrico.

Na mesma direção, McDougall[3] convoca os psicanalistas a serem "menos exclusivistas" em sua atitude com relação à pesquisa em geral e ao cruzamento das ciências.

Para começar essa imersão na visão psiquiátrica dos TA's, me parece interessante fazer uma breve contextualização sobre o percurso histórico da psiquiatria.

A psiquiatria que se constituiu no século XVIII buscou, ao longo dos dois séculos seguintes, estabelecer as causas da alienação mental, a loucura. Buscou com a anatomopatologia a lesão que justificaria o sintoma. Não tendo encontrado uma lesão específica para o sintoma, passou a buscar na classificação rigorosa dos sintomas a definição de uma falha no funcionamento e assim construiu o que chamamos de nosografia. Todavia, como nos lembra Roudinesco, a psiquiatria foi sempre facetada:[4]

> [A psiquiatria] agregava correntes e escolas que associavam uma descrição das doenças da alma (loucura), dos nervos (neuroses), e do humor (melancolia) a um tratamento psíquico de natureza dinâmica, isto é, que faça intervir uma relação transferencial entre o médico e o doente.

A psiquiatria privilegiava a psicogênese sem desconsiderar a organogênese. Esse movimento, como também relata a historiadora, apoiava-se em quatro grandes modelos de explicação da psique humana: a) um modelo nosográfico, que permite uma classificação universal das doenças e uma definição da clínica em

---
[3] McDOUGALL, J. Sobre a bulimia. In: BRUSSET, B.; COUVREUR, C.; FINA, A. *A Bulimia*. São Paulo: Escuta, 2003. p. 190.
[4] ROUDINESCO, E. *Por que a Psicanálise?* Rio de Janeiro: Zahar, 2000, p. 37.

termos de norma e patologia; b) um modelo psicoterápico que presume a eficácia terapêutica ligada ao poder da sugestão; c) um modelo filosófico ou fenomenológico que permite captar a significação do distúrbio psíquico ou mental a partir da vivência existencial (consciente ou inconsciente) do sujeito; d) um modelo cultural que propõe descobrir na diversidade das mentalidades, das sociedades e das religiões uma explicação antropológica do homem baseada no contexto social ou na diferença[5].

Nesse primeiro momento o arsenal de substâncias específicas utilizadas para o tratamento dos distúrbios psiquiátricos era reduzido. Somente a partir dos anos 50 do século passado, com a introdução dos psicofármacos, produziu-se uma revolução, e dessa forma os parâmetros psiquiátricos mudaram. O ramo biológico da psiquiatria, amplamente divulgado na atualidade, tomou uma maior dimensão e vem se tornando a maior parte da psiquiatria. As neurociências supostamente deram as bases seguras e biológicas para esse modo totalizante da psiquiatria, e o sujeito bio-psico-social vem sendo abandonado.

Talvez a marca diferencial que se observa no momento histórico atual seja a intensa divulgação de supostas descobertas no campo da psiquiatria, especialmente nos âmbitos científicos e na mídia. Porém, segundo Rodenesco, a verdadeira revolução dos psicotrópicos foi "esvaziar os manicômios e substituir a camisa-de-força e os tratamentos de choque pela redoma medicamentosa"[6].

Nessa virada da psiquiatria, a estatística surge como método, como explica Ariel Bogochvol:

> [...] [como] uma espécie de razão ingênua, impressionável pelos fluxos estatísticos que, por sua vez, seriam manifestações puras da realidade, os dados não contaminados

---
[5] Idem.
[6] Idem, p. 21.

por teorias e distorções. É como se o sintoma, apreendido a partir de métodos matemáticos/estatísticos, representasse a realidade primeira emanada da alteração fisiopatológica, clara em sua transparência[7].

Ocorre portanto uma redução do fenômeno psíquico ao funcionamento biológico, e isso passa a incluir qualquer comportamento considerado desviante da normalidade. Mesmo sem nos aprofundarmos muito nessa discussão, impõe-se uma questão fundamental: que critério, que entidade de saber e poder define tal normalidade?

Nessa mesma direção, há uma migração da medicalização dos humores e das dores da existência para a clínica médica, o que toma proporções assustadoras e torna-se um procedimento massificado e frequente. Estamos falando das dores da existência, que estão sendo caracterizadas como doenças sobre as quais não há nada a ser dito pelo próprio paciente. Esse processo de medicalização tem obtido uma aceitação bastante intensa por parte dos pacientes e da população de um modo geral. É comum encontrarmos na clínica e até mesmo em situações sociais pacientes e pessoas conhecidas diagnosticando-se como portadores de síndrome do pânico, depressão etc. Ou ainda pessoas indicando e trocando medicamentos psicotrópicos para realizar atividades do dia a dia, como viajar de avião, dormir fora de casa, realizar uma entrevista de emprego, relaxar no final de semana...

O que parece estar ocorrendo é um encontro entre essa proposta de medicalização maciça e o desejo do sujeito contemporâneo, com as implicações que vimos no capítulo anterior. O desejo desse sujeito de silenciar a dor acaba por privá-lo do direito de usufruir de lugares variados e da criação de novos sentidos; do direito de fazer da vida uma experiência única e singular. O ser

---

[7] BOGOCHVOL, A. Algumas reflexes sobre a psiquiatria biológica. *Boletim de novidades*. São Paulo: Pulsional, jul. 1997, n. 99, p. 9-21.

humano é capaz de criar sentidos para sua experiência existencial, criar novas possibilidades e objetos de satisfação. Todavia, o outro lado da moeda dessa especificidade humana é o que podemos chamar de desamparo e falta de certezas, vividos por muitos como fontes de sofrimento.

Um processo analítico pode reconstruir as razões do sofrimento e das impossibilidades experimentadas pelo sujeito, mas a dor não pode ser totalmente excluída do processo. Não há dúvida de que as substâncias químicas produzem efeitos, mas também sabemos que esses efeitos são parciais. O que não me parece correto é que essas substâncias sejam admitidas como única terapêutica nos tratamentos psíquicos. Os psicofármacos também devem ser pensados como integrantes da lógica que rege o funcionamento psíquico singular e devem fazer parte da condução do processo terapêutico. O registro no qual o medicamento se inclui para cada sujeito singular terá, no entanto, um eixo de significação.

Dito isso, voltemos à concepção psiquiátrica dos TA's.

Na psiquiatria, o termo utilizado para definir os quadros que envolvem a CA é "transtorno" e não "sintoma". Para a psicanálise, os termos "sintoma" e "transtorno" têm significados bastante distintos: sintoma refere-se à excitação do desejo sexual infantil recalcado que retorna ao consciente, numa solução de compromisso na qual são representados tanto o desejo parcialmente realizado quanto a censura que impede sua plena realização.

O sintoma é, assim como a fantasia e o sonho, um produto mental. Enquanto isso, nos transtornos, o destino da pulsão está aquém da possibilidade de construção representativa, denunciando um empobrecimento do funcionamento psíquico e a exacerbação da expressão de uma ação compulsiva.

O termo "transtorno" apresenta uma dimensão característica da temporalidade; nele, a ausência ou pobreza de construção representativa priva o funcionamento psíquico justamente do adiamento da finalização do encaminhamento pulsional em direção a sua finalidade, ou seja, a satisfação. Isso se evidencia no ritmo acelerado das descargas da pulsão que se pode observar na urgência e na impossibilidade de adiamento para a execução das ações compulsivas.

Já na psiquiatria, os termos "distúrbio" e "transtorno" são usados como sinônimos de perturbação para falar das psicopatologias alimentares; a palavra 'transtorno' foi escolhida na tradução para o português do Manual Diagnóstico e Estatístico dos Transtornos Mentais para nomear a categoria que inclui a anorexia, a bulimia e a compulsão alimentar periódica. Esse termo tem uma conotação grave, chegando a obter a significação explícita de "perturbação mental" no Novo Dicionário Aurélio da Língua Portuguesa[8].

Para conhecer a visão psiquiátrica dos TA's é preciso primeiramente familiarizar-se com os critérios diagnósticos do sistema de classificação das doenças mentais da Associação Psiquiátrica Americana. O DSM (sigla em inglês para Manual Diagnóstico e Estatístico de Transtornos Mentais) é o principal documento de diagnósticos psiquiátricos da medicina contemporânea. É nele que se concentram os critérios e as categorias das doenças mentais atuais. Foram produzidas cinco edições desde seu lançamento em 1952, até a mais recente, o DSM-5, de 2013. Esse processo de atualização das edições é longo e complexo, para a edição do DSM-5, por exemplo, o trabalho levou quase uma década e envolveu uma série de avaliações de pesquisas, 13 conferências científicas e a participação de cerca de 160 cientistas de áreas diversas.

A proposta é que o DSM seja atualizado concomitantemente aos avanços no conhecimento derivados de estudos e pes-

---

[8] "Transtorno". Cf: Novo Dicionário Aurélio da Língua Portuguesa. Rio de Janeiro: Nova Fronteira, p. 1400.

quisas. Isso leva a inclusão e exclusão de diagnósticos, alteração e definição de novos critérios, portanto a corrente de pensamento vigente no período da publicação é um fator determinante na linha editorial final. O DSM-5 foi cercado de controvérsia desde sua formação, especialmente por seus diagnósticos de espectro amplo, que, segundo os críticos, classificam como patológico alguns comportamentos que seriam apenas desviantes.

Segundo Nicholson[9], a expressão "diagnóstico" pode ser utilizada de pelo menos duas formas diferentes. A primeira refere-se ao diagnóstico quando se tem uma doença específica em mente, sendo o "diagnóstico" sinônimo de determinação da doença. A segunda refere-se a todo o processo de investigação clínica que nasce do contato entre um médico e um doente e que culmina na atribuição de um nome, na classificação da experiência partilhada pelo doente e na atribuição de um significado pelo médico. No caso da psiquiatria contemporânea a expressão diagnóstico é utilizada para definir a doença e não o processo.

Não restam dúvidas de que os critérios diagnósticos do DSM são bastante úteis no âmbito da pesquisa, pois faz-se necessário buscar um mínimo de concordância na utilização dos termos que definem as entidades nosográficas com as quais a psiquiatria trabalha, porém é no âmbito da clínica que os limites dessa classificação se mostram evidentes. Desafiando qualquer tentativa de categorização, a clínica nos mostra uma grande quantidade de casos que, por não preencherem todos os critérios exigidos, não se enquadram nos diagnósticos. No entanto, os pacientes seguem adiante com seus sintomas, seu modo de funcionamento, a singularidade de suas histórias subjetivas e seu sofrimento.

Em 2006, quando participei pela primeira vez da Conferência Internacional sobre Transtornos Alimentares, realizada

---

[9] NICHOLSON, M. The art of diagnosis: Medicine and the five senses. In: BYNUM, F. W.; PORTER, R., (Org.). *Companion Encyclopedia of the History of Medicine*, v. 2. 1993.

anualmente pela Academy of Eating Disorders, diversos profissionais do campo psiquiátrico já insistiam na necessidade de uma formulação teórica mais apurada dos processos psicopatológicos envolvidos nos TA's. Esses profissionais chamavam a atenção para a grande quantidade de pacientes que eram enquadrados pelos critérios do DSM na categoria de Transtornos Alimentares Não Especificados (TANE), pois não preenchiam todos os critérios diagnósticos para os outros transtornos. Enfatizavam que uma recusa a levar em consideração as dimensões mais abrangentes da subjetividade acabava por limitar a compreensão dos casos. Nunca vou esquecer a quantidade de conferencistas que começaram ou terminaram suas apresentações com a seguinte frase de William Shakespeare: "What's in a name? that which we call a rose; By any other name would smell as sweet [...]".

A objetividade do conhecimento não pode anular o contexto social. É importante refletir sobre essas questões de modo que o sofrimento e o sujeito recuperem seu papel como eixo principal do pensamento psiquiátrico. A medicina está cada vez mais tecnocrata, burocrata e mercantilista, empurrando o sofrimento para segundo plano. As aspirações científicas e as abstrações produzidas pelo modelo biomédico não podem afastar a prática clínica do contexto social ao qual está vinculada, nem esquecer toda a experiência do sofrimento. Pois isso representa esquecer o sujeito que sofre, em nome da doença.

Apesar da reflexão crítica apresentada até aqui, não se pode negar a importância do DSM, até porque essa classificação psiquiátrica dos TA's é utilizada pelos diversos profissionais das equipes multidisciplinares, os autores de pesquisas e até mesmo os pacientes que chegam ao consultório familiarizados com suas categorias diagnósticas, que conheceram pela internet ou por meio de livros, portanto se pretendemos pensar, discutir, tratar e compreender os TA's precisamos primeiramente conhecer muito bem seus critérios diagnósticos.

Os transtornos alimentares presentes no DSM-V são a Anorexia Nervosa, a Bulimia Nervosa, o Transtorno da Compulsão Alimentar Periódica e o Transtornos Alimentares Não Especificados. A Síndrome Alimentar Noturna, que também iremos abordar neste capítulo, está presente no DSM dentro da categoria de Transtornos Alimentares Não Especificados, porque ainda não possui critérios diagnósticos bem definidos e ainda precisa de mais pesquisas e dados confiáveis para ser caracterizado como um transtorno propriamente dito.

Nas próximas páginas apresentarei de forma sucinta a definição, a classificação diagnóstica e um breve histórico de cada um dos transtornos alimentares de acordo com a abordagem psiquiátrica.

A. Anorexia Nervosa

A anorexia nervosa (AN) caracteriza-se pela perda de peso intensa e intencional, realizada por meio de dietas extremamente rígidas, acompanhada de uma busca desenfreada pela magreza, e em alguns casos de distorção da imagem corporal. O termo "anorexia" deriva do grego "an-", deficiência ou ausência de, e "orexis", apetite, mas sabe-se que essa não é a nomenclatura mais adequada do ponto de vista psicopatológico, já que não ocorre uma perda real do apetite, ao menos nos estágios iniciais da doença. Ou seja, a pessoa com AN sente fome e se obriga intencionalmente a não comer.

Historicamente o primeiro caso de AN de que se tem descrição ocorreu no ano de 895, segundo relato de Habermas[10] uma jovem chamada Friderada após ter se recuperado de uma

---

[10] HABERMAS, T. The Psychiatric History of Anorexia Nervosa and Bulimia Nervosa: Weight Concerns and Bulimic Symptoms in early case Reports. *International Journal of Eating Disorders*, v. 8, p. 259-73, 1989.

doença, da qual não se tem um diagnóstico preciso, desenvolveu um apetite voraz e descontrolado. Para tentar controlar sua voracidade alimentar, buscou refúgio em um convento e com o tempo foi restringindo sua dieta cada vez mais, até passar a efetuar longos jejuns. Sua saúde foi se deteriorado rapidamente até que ela morreu por desnutrição.

No século XIII, ocorre uma perigosa associação entre os jejuns autoinduzidos e prolongados com a espiritualidade, muitas mulheres se submetiam a privação da alimentação como uma forma de aproximar-se espiritualmente de Deus; são as chamadas "santas anoréxicas". Assim como as anoréxicas dos dias atuais, as santas anoréxicas também apresentavam comportamento perfeccionista, rigidez, insatisfação consigo própria e distorções cognitivas. Um dos casos mais conhecidos é o de Catarina Benincasa, que mais tarde se tornaria a Santa Catarina de Siena. Aos 16 anos ela recusou um casamento arranjado pelo pai e internou-se em um convento jurando manter-se virgem até a morte. Praticamente não se alimentava, autoflagelava-se e eventualmente provocava vômitos com ingestão de plantas.[11]

Richard Morton em 1694 publicou o primeiro relato médico de AN, descrevendo o tratamento de uma jovem mulher com recusa em alimentar-se e ausência de ciclos menstruais, o que mais chamou a atenção do médico foi a postura da paciente em relação a doença, pois além da comida ela também recusava qualquer tratamento ou ajuda , o que acabou levando-a a uma morte prematura por inanição.

Na segunda metade do século XIX, a partir dos relatos do francês Charles Laségue sobre a *anorexie histérique*, e de William Gull sobre a "apepsia histérica", a AN passa a ser reconhecida como uma entidade clínica independente. Em 1903, Pierre Janet,

---

[11] WEINBERG, C.; CORDÁS, T. *Do altar às passarelas*: da anorexia santa à anorexia nervosa. São Paulo: Annablume, 2006.

descreve um caso que ele chamou de "anorexie mental", no qual se manifestava vergonha e repulsa pelo corpo concomitante ao desejo de emagrecer. O autor relacionou a busca intensa da magreza à necessidade de protelar a maturidade sexual e sugeriu dois subtipos psicopatológicos, obsessivo e histérico.

Na década de 60 do século passado, Hilde Bruch[12] trouxe importante contribuição para a compreensão dos aspectos psicopatológicos comuns na AN. Essa autora propôs que a psicopatologia central da anorexia compreendia uma constelação específica de deficiências do ego e da personalidade, sublinhando a existência de três áreas de perturbação do funcionamento: 1- transtorno da imagem corporal; 2- transtorno da percepção ou interpretação dos estímulos corporais; e 3- sensação paralisante de ineficiência que invade todo o pensamento e atividade da paciente.

Depois desse breve apanhado histórico da AN, podemos nos debruçar sobre seus critérios diagnósticos segundo o DSM-V (2013):

1. Restrição da ingestão de energia levando a um significante baixo peso corporal no contexto de idade, sexo, trajetória de desenvolvimento e saúde física. Significante baixo peso é definido como menor do que o minimamente normal ou, para crianças e adolescentes, menor do que minimamente esperado.

2. Medo intenso do ganho de peso ou de se tornar gordo, ou comportamento persistente que interfere no ganho de peso mesmo com baixo peso.

3. Perturbação no modo de vivenciar o peso, tamanho ou forma corporais; excessiva influência do peso ou forma corporais na autoavaliação; ou persistente falta de reconhecimento da seriedade do atual baixo peso corporal.

---

[12] BRUCH, H. *Eating disorders:* obesity, anorexia nervosa and the person within. New York: Basic Books, 1973.

Subtipos:

- Restritivo: Durante os últimos 3 meses, o indivíduo não teve episódios recorrentes de comportamentos compulsivos ou purgativos. Nesse subtipo, a perda de peso é alcançada por meio de dietas, jejuns e/ou atividades físicas para perder peso.

- Compulsivo-Purgativo: Durante os últimos 3 meses, o indivíduo teve episódios recorrentes de comportamentos compulsivos ou purgativos (vômitos, abuso de laxantes e diuréticos ou enemas).

Gravidade[13]: Leve: IMC ≥ 17 kg/m2
Moderada: IMC 16 a 16,99 kg/m2
Grave: IMC 15 a 15,00 kg/m2
Extrema: IMC < 15 kg/m2

Os pacientes com AN podem apresentar episódios de CA real ou subjetivo. A CA subjetiva refere-se à ingestão de algum alimento, mesmo que em pequena quantidade, que a pessoa rotula como proibido ou perigoso (por ser muito calórico, gorduroso ou por achar que se comer esse alimento vai perder o controle e ter uma compulsão objetiva), nesses casos a ingestão de um único bombom acompanhada do sentimento de perda de controle pode ser considerada uma CA subjetiva. A questão principal aqui seria a perda de controle e não a quantidade de alimento ingerido no episódio. Já a CA objetiva é menos frequente nesses casos, e quando ocorre desestabiliza profundamente esses sujeitos, levando a realização de jejuns prolongados e em alguns casos a autopunições físicas e psicológicas.

Os pacientes com AN acabam se isolando socialmente, por sentirem-se inadequados, sem energia e disposição (devido à des-

---

[13] O Índice de Massa Corporal é uma medida adotada pela Organização Mundial de Saúde (OMS) para medir a obesidade. É o padrão internacional para avaliar o grau de obesidade, utilizado como forma de comparar a saúde de populações, ou até mesmo definir prescrição de medicações. Calcular o IMC é muito simples e não exige a utilização de instrumentos ou aparelhos. O cálculo é feito dividindo o peso (em quilogramas) pela altura (em metros) ao quadrado.

nutrição) e também para evitar eventos sociais nos quais estejam expostos a comida. Com o tempo passam a esconder o corpo demasiadamente magro usando roupas largas e desenvolvem técnicas obsessivas para checar se engordaram. Além disso, apresentam dificuldade de concentração e raciocínio, o que prejudica seu rendimento profissional e acadêmico. Pensam constantemente em comida, calorias e receitas, muitos deles gostam de cozinhar para os outros e vê-los comendo, todavia eles mesmos não experimentam a própria comida.

Devido ao baixo peso corporal, eles sentem muito frio e o corpo desenvolve uma penugem escura, chamada laguno, na tentativa de preservar a temperatura. Vale ressaltar que a AN pode provocar inúmeras complicações físicas como por exemplo: diminuição da massa encefálica (cérebro), osteoporose, problemas cardíacos, entre muitos outros. Dentre todas as doenças psiquiátricas, ela é a que mais mata, levando ao óbito cerca de 5% dos portadores.

B. Bulimia Nervosa

O termo "bulimia" deriva do grego antigo *bou* (grande quantidade de), ou de *boul* (boi) e *limos* (fome), referindo-se a uma fome voraz ou fome de "comer um boi". Essa descrição encontra-se há mais de dois mil anos em fontes europeias com o mesmo significado, ou seja, um estado de voracidade que leva à ingestão de uma quantidade exagerada de alimentos.[14]

No entanto, ao longo da história a dupla compulsão – purgação nem sempre foi vista como um desvio da normalidade; Cordás[15] faz referência a um papiro egípcio, intitulado Eber, que

---

[14] STUNKARD, A. J. A history of binge eating. In: FAIRBURN, C. G. *Binge eating and its nature, assessment and treatment*. The Guilford Press, London, 1993.
[15] CORDÁS, T. *Fome de cão:* Quando o medo de ficar gordo vira doença: anorexia, bulimia, obesi-

é dedicado ao estímulo e às virtudes do ato de vomitar. O historiador grego Heródoto, ao comentar os hábitos egípcios, conta que era comum o uso de purgantes e a prática de vômitos por dias consecutivos, pois tal povo considerava que as doenças humanas tinham sua origem na comida.

Hipócrates também recomendava a indução de vômitos por dois dias consecutivos todo mês como método de prevenir diferentes enfermidades . Os romanos, por sua vez, ficaram conhecidos por utilizar o vômito após a ingestão excessiva de alimentos, criando até mesmo os *vomitorium*, que eram utilizados durante os banquetes para que os convidados pudessem vomitar e depois continuar comendo.

Dando um salto histórico, Cordás nos lembra dos eméticos, fármacos com a capacidade de induzir vômitos; estes dominaram o arsenal terapêutico durante muitos anos, e até pouco tempo muitas bulímicas valiam-se de um emético famoso vendido nos EUA, chamado Ipecac. Esse remédio era derivado da raiz de uma planta sul-americana chamada Ipecacuanha, que significa, na língua nativa, "a planta junto à estrada que faz você vomitar."

O primeiro caso documentado a sugerir a bulimia como uma síndrome é o de Ellen-West, paciente de Ludwig Biswanger, em 1944. Foram observadas na paciente desejo intenso de perder peso, acompanhado de episódios de comer compulsivo e vômitos autoinduzidos. Na mesma época começaram a aparecer, na literatura, outros relatos de pacientes que apresentavam um padrão alimentar peculiar, caracterizado por um exagero alimentar frequentemente acompanhado de vômitos.

A partir de 1960, alguns trabalhos publicados pareciam querer abrir caminho para o reconhecimento de uma nova patologia alimentar. Dentre esses destaca-se o de Paul Abély[16], apre-

---

dade. Maltese: São Paulo, 1993.
[16] VANDEREYCKEN, W. Emergence of bulimia nervosa as a separate diagnostic entity: review of

sentado em 1963 numa palestra na *Société Medico-Psychológique*, intitulado de "Hiperorexias Patológicas em Mulheres". O autor relata ter estudado, em um período de três anos, quinze casos de *hiperorexia*. Todas as pacientes eram mulheres jovens que desenvolveram algum tipo de adição à comida a partir da puberdade, e que se apresentavam paradoxalmente preocupação exagerada com a aparência física e o peso corporal. Foram discutidas então as diferenças e similaridades entre a hiperorexia e a anorexia nervosa.

Em 1979, Russell publicou o trabalho intitulado *Bulimia Nervosa: An Ominous Variant of Anorexia Nervosa*[17], propondo um novo transtorno, com critérios diferentes dos da AN. Segundo o autor, as pacientes sofriam de um impulso irresistível de comer excessivamente e procuravam evitar os efeitos engordativos da comida, induzindo vômitos e/ou abusando de purgativos, pois teriam um medo mórbido de engordar.

No ano seguinte o *Manual Diagnóstico e Estatístico de Transtornos Mentais da Associação Americana de Psiquiatria, 3ª edição* (DSM-III) *(1980)*[18] introduziu a Bulimia Nervosa (BN) como um novo TA, com critérios diagnósticos um pouco mais amplos que os propostos por Russell, enfatizando os episódios de comer compulsivo ao invés dos métodos inadequados de controle de peso.

A atual classificação, DSM-V (2013)[19] apresenta os seguintes critérios diagnósticos para Bulimia Nervosa:

1. Episódios recorrentes de compulsão alimentar periódica. Um episódio de compulsão alimentar é caracterizado por ambos os seguintes aspectos:

---

the literature from 1960 to1979. *International Journal of Eating Disorder*. v. 16, 1994.

[17] RUSSEL, G. F. M. Bulimia Nervosa: an ominous variant of anorexia nervosa. *Psychol. Med.* 1979, v. 9, p. 429-448.

[18] *Diagnostic and statistical manual of mental disorder*. 3. ed. Washington D.C.: American Psychiatric Association, 1980.

[19] *Manual diagnóstico e estatístico de transtornos mentais*. 4. ed. Porto Alegre: Artes Médicas, 1995.

a) ingestão, em um período limitado de tempo (ex: duas horas) de uma quantidade de alimento definitivamente maior do que a maioria das pessoas consumiria durante um período similar e sob circunstâncias similares;

b) sentimento de falta de controle sobre o comportamento alimentar durante o episódio (ex: sentimento de incapacidade de parar de comer ou de controlar o que ou quanto está comendo);

2. Comportamento compensatório inadequado e recorrente, com o intuito de prevenir o aumento de peso, como autoindução de vômitos, uso indevido de laxantes, diuréticos, enemas ou outros medicamentos, jejuns ou exercícios excessivos;

3. A compulsão alimentar e os comportamentos compensatórios inadequados ocorrem, em média, pelo menos uma vez por semana, por três meses;

4. A autoavaliação é indevidamente influenciada pela forma e peso corporal;

5. O distúrbio não ocorre durante episódio de anorexia nervosa.

Gravidade:

Leve: média de 1 a 3 episódios de comportamentos compensatórios por semana;

Moderada: média de 4 a 7 episódios de comportamentos compensatórios por semana;

Grave: média de 8 a 13 episódios de comportamentos compensatórios por semana;

Extremo: média de 14 ou mais episódios de comportamentos compensatórios por semana.

Com relação ao comportamento compensatório inadequado para prevenir o ganho de peso (item 2) o DSM-V utiliza-o como base para classificar a bulimia nervosa em dois subtipos, o tipo purgativo e o sem purgação:

a) Tipo purgativo: durante o episódio atual de bulimia nervosa, o indivíduo envolveu-se regularmente na autoindução de vômitos ou no uso indevido de laxantes, diuréticos e enemas.

b) Tipo sem purgação: durante o episódio atual de bulimia nervosa, o indivíduo usou outros métodos compensatórios inadequados que não envolvem purgação, tais como jejuns, exercícios excessivos e remédios para emagrecer.

A CA é a característica clínica mais marcante da BN. A literatura médica mostra que os episódios bulímicos costumam ter início após uma dieta alimentar muito restritiva para controlar o peso. No início, os pacientes parecem não acreditar que podem tornar-se prisioneiros do ciclo compulsão/purgação. Costumam descobrir aleatoriamente (por meio de comentários de amigos, filmes ou por haver perdido peso durante uma doença) que a purgação pode ser a "solução mágica" para evitar o ganho de peso nos momentos em que se excedem.

No entanto, "soluções mágicas" não existem, e o uso desses métodos compensatórios inadequados levam basicamente a uma perda hídrica, que com o tempo provoca um efeito rebote deixando os pacientes edemaciados. Esse inchaço desencadeia um ciclo vicioso, ou seja, o paciente acha que engordou e procura novamente os métodos compensatórios inadequados. A retenção hídrica é diferente do aumento da gordura corporal, no primeiro caso ocorre um acumulo excessivo de água entre as células do organismo, enquanto no segundo existe um ganho de gordura propriamente dita, o problema é que a balança não difere a gordura dos líquidos, e aqueles que se guiam unicamente por esse parâmetro são muitas vezes induzidos ao erro.

Algumas vezes, em um primeiro momento da doença os pacientes conseguem perder peso (não necessariamente emagrecer, pois emagrecer é perder gordura), mas logo os métodos compensatórios se mostram pouco eficientes, causando edemas e desequilíbrios no organismo que acabam dificultando o emagrecimento e manutenção do peso perdido. Como se fosse uma droga que causa dependência, os efeitos esperados passam a exigir que os métodos compensatórios sejam utilizados de forma cada vez mais intensa e constante. Por exemplo: Um paciente que no início da doença tomava dois comprimidos de laxante duas vezes por semana, após um ano de doença chegou a precisar tomar 46 comprimidos de uma só vez.

O senso comum costuma associar a BN com a compulsão alimentar e os vômitos, muitas pessoas não sabem que existem outros métodos compensatórios como uso de medicamentos, jejuns e a realização de exercícios excessivos. Para ser considerado um método compensatório o comportamento deve ser realizado com a intensão de se livrar do que foi consumido durante a compulsão, para evitar o ganho de peso.

Após a instalação do quadro, o ciclo compulsão/purgação fica cada vez mais presente na vida diária do bulímico, chegando a interferir nas atividades profissionais e sociais. É frequente o indivíduo acreditar que pode eliminar 100% do que foi ingerido na compulsão por meio dos comportamentos compensatórios, o que não é verdade; também é frequente desenvolverem estratégias mirabolantes para verificar se eliminaram tudo que foi consumido, como comer alimentos com corante antes da compulsão e depois só parar de vomitar quando esse corante começar a aparecer no vômito, mesmo sabendo que os alimentos se misturam desde o início do processo digestivo.

Os ciclos bulímicos podem durar horas e repetir-se várias vezes ao longo do dia. É comum o paciente afirmar que se sente um mero espectador de um comportamento que escapa totalmente ao seu controle, colocando o estranhamento de si mesmo, de seu corpo e de sua ação no centro da problemática bulímica. Para ilustrar a intensidade do ciclo bulímico, utilizarei mais um exemplo retirado da biografia de Hornbacher:

> Meus pais viajaram para o norte para um fim de semana prolongado. Fiquei em casa porque queria estudar para as aulas que começariam em breve. Começou como se nunca tivesse parado: abri a porta da frente um dia depois de passar a tarde na biblioteca. Fui até a cozinha, larguei as minhas sacolas, abri o armário - o armário perigoso, perto da porta, onde se escondiam as comidas ruins, como cereais matinais e biscoitos – peguei uma caixa de cereais, servi uma tigela e comecei a comer.
>
> E comi. Comi até não ter mais espaço, fui ao banheiro, vomitei as tripas para fora, lavei o rosto e as mãos e voltei para cozinha. Quando acabaram as caixas de cereais, passei para o pão. Acabou o pão, eu passei para ovos, sobras, sorvete, biscoitos, parando de vez em quando para vomitar no banheiro escuro, voltando cambaleante para a cozinha, batendo nos batentes das portas e nas paredes, passando para a sopa que meu pai tinha feito para eu comer no fim de semana. Tomei toda sopa e vomitei. Macarrão, pedaços de cenoura e ervilha inteiros boiando na privada, respingos pelas paredes, girando depois da descarga.
>
> Comi práticamente tudo o que havia em casa exceto a geleia de lima que estava no fundo da geladeira desde sempre. Também não comi a ração dos cachorros. Mas pensei em comer. Então me ocorreu deixar os cachorros saírem e dar comida pra eles. Peguei as chaves, entrei no carro e fui até o mercado, com a intenção de comprar tudo que havia comido para ninguém perceber nada. Saí do carro e entrei no mercado, fui de corredor em corredor com a minha cesta tentando desesperadamente lembrar

> o que havia comido... Fiquei andando de um lado para o outro nos corredores. Fui pro caixa com uma cesta cheia de comida... A pouco mais de um quilômetro de casa só consigo pensar em comer. Agora. Nesse instante. Preciso comer, rápido, preciso comer muitas coisas muito rapidamente. A minha boca precisa ficar cheia, preciso mastigar alguma coisa. Estaciono o carro na rua, mergulho no banco de traseiro e começo a fuçar nas sacolas, tirando coisas que não lembrava de ter comprado, finalmente abro um saco de batatas chips. Volto para o banco da frente, enfio uma mão cheia na boca e volto a dirigir até chegar em casa. Dentro de casa, largo as sacolas na mesa da cozinha, no chão, no balcão e continuo comendo. Misturo muffins de mirtilo e os deixo assando enquanto engulo tudo que estiver ao alcance tentando me sentir satisfeita. Fico ali comendo até toda comida terminar[20].

Outro fator de grande relevância nesse quadro é o medo intenso de ganhar peso, assim como uma certa perturbação na percepção do corpo, suas sensações, limites e dimensões, o que também pode caracterizar um certo grau de distorção da imagem corporal. Além dos sentimentos de vergonha e culpa, estão presentes as sensações de fracasso e baixa autoestima, assim como a fadiga física proveniente da perda de nutrientes, do desequilíbrio orgânico causado pelos métodos compensatórios e do esforço e energia dispensados no ato bulímico.

Dentre as alterações de comportamento mais citadas na literatura psiquiátrica[21] estão a tendência a apresentar um pensamento dicotômico, do tipo "tudo ou nada", crenças infundadas acerca do valor calórico e das propriedades dos alimentos (classificação dos alimentos como bons ou maus, permitidos ou proibidos) e dificuldade no controle dos impulsos. Essa impulsividade, em alguns casos, pode se apresentar na forma de comorbidades

---

[20] HORNBACHER, M. op. cit., p. 258-206.
[21] SAPOZNIK, A. Bulimia Nervosa: Manifestação clínica, curso e prognóstico. In: CLAUDINO, A.; ZANELLA, M. *Transtornos Alimentares e obesidade*. São Paulo: Manolo, 2005.

como o abuso de substâncias químicas, transtornos sexuais, cleptomania e automutilação.

Os pacientes com BN costumam demorar anos para relatar sua conduta alimentar para profissionais de saúde, familiares e amigos, isso ocorre em virtude dos sentimentos de vergonha e culpa pelo comportamento bulímico, e/ou por não haver desejo de abandonar tal comportamento. Quando procuram tratamento, esses pacientes costumam já ter perdido o controle sobre o ciclo compulsão-purgação e muitas vezes apresentam complicações físicas, como o aumento das glândulas parótidas, taquicardia, alterações dentárias, desequilíbrio eletrolítico, problemas de coração, gastrite, úlcera, entre muitos outros.

C. Transtorno da Compulsão Alimentar Periódica – TCAP

O Transtorno da Compulsão Alimentar Periódica (TCAP) é mais recente do que a AN e a BN. A primeira descrição formal de episódios de descontrole alimentar especificamente em sujeitos obesos foi elaborada no final da década de 1950, pelo Dr. Albert Stunkard, na Universidade da Pensilvânia. O pesquisador observou que alguns pacientes obesos apresentavam um tipo de perturbação do comportamento alimentar semelhante aos ataques de compulsão alimentar da BN[22].

Foi a partir da relação entre obesidade e um padrão patológico de alimentação que os médicos e pesquisadores começaram a esboçar a ideia de um TA que envolveria CA sem a presença de métodos compensatórios. Kornhaber, em 1970, descreveu a "síndrome do empanzinamento" como um tipo de obesidade caracterizada por hiperfagia, retraimento social

---

[22] FAIRBURN, C. G. *Overcoming binge eating*. New York: Guilford Press, 1995.

e depressão clínica. Essa observação foi abandonada durante algum tempo até que, na década de 1980, estudos com pacientes que procuravam tratamento para emagrecer confirmaram a hipótese inicial do Dr. Stunkard.

Em 1992, em um trabalho realizado por Spitzer et al. [23], da Universidade de Columbia, propôs-se a hipótese de que muitos pacientes evidenciavam uma forma particular de transtorno do comportamento alimentar distinta da BN. Inicialmente, o autor denominou a nova condição de "síndrome da hiperalimentação patológica". Esse nome foi mais tarde substituído por *binge eating disorder* (BED)[24], ou transtorno do comer compulsivo (TCC).

Um episódio de CA pode ser descrito de maneira simplificada como a ingestão num curto período de tempo de uma grande quantidade de alimentos, associado ao sentimento de perda de controle sobre seu comportamento. Esses episódios deferem dos eventuais exageros alimentares, quando as pessoas comem mais do que o necessário, mas não apresentam outras características específicas da CA que veremos a seguir nos critérios diagnósticos do TCAP.

De acordo com o DSM-V, o Transtorno da Compulsão Alimentar Periódica apresenta os seguintes critérios diagnósticos:

1. Episódios recorrentes de compulsão alimentar – um episódio de compulsão alimentar é caracterizado pelos seguintes critérios:

    a) Ingestão, em um período limitado de tempo (ex: duas horas), de uma quantidade de alimentos definitivamente

---

[23] SPITZER, R. L. et. al. Binge eating disorder: multisite field trial of diagnostic criteria. *International Journal of Eating Disorders*. v. 11, 1992.

[24] Acho importante esclarecer uma certa confusão provocada pelas diversas traduções utilizadas para o termo *binge eating*. A tradução literal em português seria "farra" ou "orgia alimentar". Observamos a utilização em nossa língua de vários termos, atualmente, para definir o mesmo fenômeno. Podemos encontrar os termos: episódios bulímicos, episódios de compulsão alimentar, ataques de comer e até mesmo o termo *binge*. No presente estudo escolhi utilizar o termo "episódio de compulsão alimentar".

maior que a maioria das pessoas consumiria em circunstâncias similares;

b) Sensação de falta de controle sobre o comportamento alimentar durante o episódio (ex: sensação de não conseguir parar ou controlar o que ou quanto se está comendo);

2. Os episódios de compulsão alimentar devem estar associados a três ou mais dos seguintes critérios:

Comer muito mais rapidamente que o normal;

Comer até se sentir cheio;

Comer grandes quantidades de alimentos quando não está fisicamente com fome;

Comer sozinho em razão da vergonha pela quantidade de alimentos ingerida;

Sentir repulsa de si mesmo, depressão ou demasiada culpa após comer excessivamente;

3. Angústia acentuada relativa à compulsão alimentar;

4. A compulsão alimentar deve ocorrer pelo menos uma vez por semana, por três meses consecutivos;

5. A compulsão alimentar não está associada ao uso de mecanismos compensatórios inadequados, nem ocorre durante o curso de anorexia ou bulimia nervosa.

A meu ver, a sensação de perda de controle sobre o comportamento alimentar apontada no item 1b engloba várias outras características citadas nos critérios diagnóstico, como o fato de comer mesmo estando fisicamente sem fome e comer até ficar demasiadamente cheio. Essa sensação de perda de controle chama atenção, pois envolve aspectos de impulsividade encontrados nas adições que estão relacionados com a dificuldade de conter a pulsão.

A fim de exemplificar o episódio de compulsão alimentar descrito acima, cito um trecho da autobiografia de Hornbacher:

> Depois da escola eu voltava para casa. Sem a madrasta e o irmão adotivo, a casa estava em silêncio... Eu abria o armário e pegava uma tigela. Servia cereais, açúcar e passas, botava dois pedaços de pão com queijo no microondas, enfiava os cereais na boca enquanto o queijo derretia, comia o pão com queijo com uma mão enquanto passava manteiga em biscoitos cream-cracker, comia os biscoitos enquanto servia mais cereais, mais queijo e pão, ia até o freezer, tirava o pote de sorvete, enfiava o sorvete na boca enquanto passava manteiga no pão, comia o pão enquanto me esticava para pegar os biscoitos, comia os biscoitos enquanto virava arroz frio numa tigela... Você vai começar a pensar no que mais pode comer. Não entre em pânico... enfie o resto de comida na boca [...][25].

As pessoas que apresentam o TCAP têm episódios de CA repetidos, assim como os que sofrem de BN. Mas as primeiras não apresentam as medidas patológicas de controle de peso que os pacientes bulímicos utilizam, como os comportamentos compensatórios (vômitos, abuso de laxativos, exercício físico excessivo etc.) que sucedem o episódio de CA.

Durante o episódio, o indivíduo sente como se não tivesse nenhuma possibilidade de controlar sua atitude compulsiva e, em seguida, relata sentimentos como culpa e tristeza. Há evidências epidemiológicas de que o início de dietas ocorre, geralmente, após

---
[25] HORNBACHER, M. op. cit., p. 199.

o aparecimento dos ataques de comer compulsivo, caracterizando uma distinção entre esse comer compulsivo e o quadro da bulimia, no qual, segundo estudos, os ataques sucedem às dietas[26].

Conforme mencionado na introdução, nem todo paciente obeso apresenta CA ou TCAP, existem várias causas para obesidade, a presença de um TA é apenas uma delas. Muitas vezes o paciente com CA procura tratamento para obesidade, sem nem ao menos mencionar a presença da compulsão. Em alguns casos, são procurados centros especializados no tratamento de TA e/ou grupos de autoajuda, como os Comedores Compulsivos Anônimos, mas na maioria das vezes os pacientes só chegam a esses centros e grupos depois de várias tentativas frustradas de tratamento.

Dois grandes estudos epidemiológicos realizados por Sptizer et al.[27][28] indicaram que 30% dos pacientes que procuravam tratamento para perda de peso apresentavam TCAP, enquanto na população geral apenas 2% preenchiam os critérios diagnósticos para o mesmo transtorno. Já a distribuição por sexo entre esses pacientes indicava um leve predomínio do sexo feminino na proporção de três para dois.

As características epidemiológicas apontadas em seus dois estudos são as seguintes: a) a grande maioria dos pacientes apresentava um início precoce dos episódios de compulsão alimentar, geralmente na infância ou adolescência; b) o uso de dietas começava normalmente após o aparecimento dos ataques de comer compulsivo.

Um estudo realizado por Appolinário e Coutinho[29] revelou que haveria uma relação direta entre o grau de obesidade e o

---
[26] SPITZER, R. L. et. al. op. cit.
[27] Idem.
[28] Ibidem. Binge eating disorder: its further validation in multisite study. *International Journal of Eating Disorders*. n. 13, 1993.
[29] APPOLINÁRIO, J. C.; COUTINHO, W. O transtorno do comer compulsivo: revisão de literatura. *Jornal Brasileiro de Psiquiatria*. v. 44, n. 1, Rio de Janeiro, 1995.

transtorno do comer compulsivo; ou seja, quanto maior o grau de obesidade do indivíduo, maior é a gravidade dos episódios de compulsão alimentar. Segundo esse mesmo estudo, comedores compulsivos obesos frequentemente preocupam-se mais do que os obesos sem compulsão com a forma e o peso corporal, e em fazer dieta. Além disso, possuem uma forma mais negativa de experimentar a imagem corporal. Os obesos com CA também relatam maior sofrimento psicológico do que obesos não compulsivos. O sofrimento psicológico mais relatado refere-se à baixa autoestima, depressão e ansiedade. Os indivíduos com esse padrão alimentar frequentemente apresentam graus variados de obesidade ou sobrepeso e um histórico de flutuação de peso mais acentuada do que obesos sem CA.

Essas importantes informações podem ser confirmadas na prática clínica dos TAs. Existe realmente um padrão de personalidade, psíquico e comportamental que difere os obesos com CA dos sem. A relevância desses achados para clínica é fundamental, pois aponta a necessidade de uma compreensão e tratamento diferenciados para esses sujeitos.

A obesidade, por si só, remete a riscos para a saúde; quando acompanhada de CA, os riscos são ampliados. Mas é relevante lembrar que a perda de 5% do peso corporal já é suficiente para atenuar várias complicações clínicas associadas à obesidade. Além disso, o indivíduo magro não pode ser considerado inquestionavelmente saudável (como fica evidente na AN), e na sociedade atual pessoas com comportamento alimentar saudável muitas vezes apresentam sobrepeso. Isso se deve a uma série de fatores, como biótipo físico, genética, metabolismo, acesso facilitado a alguns tipos de alimentos, sedentarismo entre outros. Mais uma vez aproveito para sublinhar que magreza não é sinônimo de saúde e sobrepeso não é igual a doença.

O desejo de perder peso rapidamente faz com que esses pacientes, muitas vezes, cheguem ao tratamento buscando resultados imediatos. É importante ficar claro, tanto para os profissionais envolvidos no tratamento quanto para o paciente, a necessidade de trabalhar os fatores psíquicos referentes à compulsão e não apenas o aspecto sintomático. A perda de peso por meio de remédios ou cirurgias vem se mostrando menos eficientes nos casos de compulsão alimentar a médio e longo prazo. Quando as questões pulsionais, inibições simbólicas e estados deprimidos não são abordados, o comportamento compulsivo acaba voltando e junto com ele todo peso perdido.

É fundamental que o tratamento não seja baseado apenas na perda de peso, o foco é sempre a CA e a perda de peso é uma consequência. Antes de pensar em mudanças físicas é preciso reformular a relação do sujeito com a comida e o corpo.

O mais importante a ser ressaltado é que os ganhos psíquicos não estão diretamente associados aos quilos perdidos e que o sobrepeso ou a obesidade não são sinônimos de problemas psicológicos. Quem tenta simplificar desse modo a questão, além de demonstrar um raciocínio limitado, perde a oportunidade de tentar descobrir a riqueza particular que funda cada psiquismo humano.

D. Transtorno Alimentar Não Especificado – TANE

Transtorno Alimentar Não Especificado (TANE), como o próprio nome revela, é o diagnóstico para aqueles casos que não preenchem todos os critérios para outro TA específico. Eles são frequentemente denominados como quadros subclínicos, e sua prevalência é maior do que da AN e BN, apesar disso o conhecimento sobre fatores de risco, correlações clínicas e tratamento de tais transtornos é limitado.

Os TANEs incluem tanto quadros parciais de AN, BN e TCAP, quanto casos sugestivos de algum dos dois transtornos, mas que não apresentam todos os critérios diagnósticos. O última versão do DSM também incluiu nessa categoria o Transtorno Purgativo e a Síndrome da Alimentação Noturna (SAN). Descreveremos essa síndrome de forma mais detalhada no próximo tópico desse capítulo.

O Transtorno Purgativo é um TA pouco estudado. Nele, o indivíduo utiliza métodos purgativos, como o vômito e/ou uso de laxativos e diuréticos, sem que a CA necessariamente preceda a purgação.

Existe uma relevância na compreensão e detecção dos casos subclínicos de AN, BN e TCAP, pois além de serem mais prevalentes do que os transtornos específicos, estudos mostram que, ainda que não preencham os critérios para o diagnóstico do transtorno específico ou não tenham um quadro persistente, esses pacientes são caracterizados pelos mesmos marcadores de gravidade que os casos clínicos completos. Acrescente a isso o fato desses quadros subclínicos frequentemente evoluírem para um quadro completo de TA, para completar existem evidências clínicas e científicas comprovando que quanto mais cedo for realizado o diagnóstico e iniciado o tratamento maiores são as chances de um bom prognóstico.

Os critérios diagnósticos do DSM-V para os Transtornos Alimentares Não Especificados (TANE) são os seguintes:

1. Anorexia nervosa atípica: todos os critérios para anorexia nervosa são encontrados, exceto que mesmo com a significante perda de peso, o peso do indivíduo está dentro ou acima do padrão;

2. Bulimia nervosa (de baixa frequência e/ ou duração limitada): todos os critérios para bulimia nervosa são encontrados, exceto que a compulsão e os comportamentos compensatórios inapropriados ocorrem, em média, menos do que uma vez por semana e/ou menos do que três meses;

3. Transtorno da compulsão alimentar periódica (de baixa frequência e/ou duração limitada): todos os critérios para TCAP são encontrados, exceto que a compulsão ocorre, em média, menos do que uma vez por semana e/ou menos do que três meses;

4. Transtorno da purgação: recorrente comportamento purgativo para influenciar peso ou forma corporais (ex.: vômito autoinduzido; abuso de laxantes, diuréticos ou de outras medicações) sem ter compulsão alimentar;

5. Síndrome da alimentação noturna (SAN).

E. Síndrome da Alimentação Noturna– SAN

O conceito de síndrome da alimentação noturna (SAN) foi originalmente elaborado por Stunkard em 1955[30], como um transtorno com três componentes principais: anorexia matinal (total falta de apetite pela manhã), hiperfagia vespertina ou noturna e insônia.

O autor descreveu a SAN como uma resposta especial a um estresse dos ritmos circadianos[31] que ocorria principalmente em indivíduos obesos. Constatou também que a síndrome tende a ser desencadeada pelo estresse e que os sintomas diminuem quando o estresse é aliviado.

Passaram-se aproximadamente 40 anos até que o interesse pelo assunto fosse retomado. Estimativas recentes[32] da preva-

---

[30] CLAUDINO, D. A. Síndrome do comer noturno. In: CLAUDINO, A. M.; ZANELLA, M. T. *Transtornos Alimentares e Obesidade*. São Paulo: Manole, 2005.

[31] Os nossos ritmos biológicos possuem normalmente uma constância e uma importância que os cientistas só passaram a valorizar muito recentemente. Os ciclos biológicos variam de pessoa para pessoa. Quando um ciclo biológico se completa ao fim de cerca de 24 horas chama-se Circadiano; o ritmo diário de vigia e de sono é um ritmo circadiano.

[32] STUNKARD, A. J. et al. The night-eating syndrome. In: FAIRBURN, C. G. *Eating disorders and obesity*. New York, Guilford Press: 2002.

lência de SAN indicam que 1,5% da população americana sofre dessa síndrome. O percentual cresce ainda mais entre pessoas em tratamento em clínicas para obesidade, chegando a 10%, e entre pacientes de cirurgia bariátrica, chegando a alarmantes 27%.

A comunidade médica associa a importância clínica da SAN e do TCAP ao fato de os dois transtornos representarem um fator fundamental no fracasso do tratamento para obesidade.

Em 1994, Stunkard redefiniu os critérios para diagnóstico da SAN e determinou que 50% ou mais do consumo calórico diário deveria ocorrer após as sete horas da noite. Posteriormente, referiu anorexia pela manhã e hiperfagia à noite como principais sintomas; a insônia também foi incluída como critério, embora ocupando um lugar menos relevante no diagnóstico.

O estresse deixou de ser objeto de estudo nas publicações seguintes sobre o tema, até que Rand[33] propôs que, além da alimentação excessiva à noite e dos outros critérios já estabelecidos, fosse incluído também o sentimento de tensão ou tristeza à noite como critério diagnóstico.

Um estudo realizado por Birkedvedt et al.[34] examinou a diferença entre "comedores noturnos" e indivíduos em um grupo controle para determinar comportamentos específicos da SAN. Os achados indicaram que os comedores noturnos consumiam mais calorias diárias do que os indivíduos do grupo controle. Outra característica que chamou atenção foi que os comedores noturnos consumiam 56% da sua ingestão calórica diária entre as dez horas da noite e as seis da manhã, ao passo que os controles consumiam somente 15% de sua ingestão nesse período.

Os comedores noturnos acordavam significativamente mais vezes durante a noite do que os controles, e enquanto no primeiro

---

[33] RAND, C. S. W. et al. The night eating syndrome in general population and among postoperative obesity surgery patients, *International Journal of Eating disorders*. v. 22, 1997.

[34] BIRKETVEDT, G. et al. Behavioral and neuroendocrine characteristics of night eating syndrome. *JAMA*, 1999.

grupo a metade dos despertares noturnos foram acompanhados por ingestão alimentar, nenhum dos despertares dos controles envolveu alimentação. Além disso, o primeiro grupo relatou um humor mais deprimido do que o segundo em um período de vinte e quatro horas e experimentou um declínio contínuo no humor começando no período final da tarde.

No DSM-V, a Síndrome da Alimentação Noturna está descrita dentro dos TANE, e envolve os seguintes critérios diagnósticos:

1. Recorrentes episódios de comer noturno, manifestado por comer após despertar de um sono ou por consumo excessivo de comida depois de uma refeição noturna.

2. Há consciência e lembrança do que comeu.

3. O comer noturno não é mais bem explicado por influência externa como mudança no ciclo dormir-despertar do indivíduo ou por normas sociais locais.

4. O comer noturno causa significante sofrimento e/ou danos ao funcionamento.

5. O padrão do transtorno de comer não é mais bem explicado pelo TCAP ou outra doença mental, incluindo uso de substâncias, e não é atribuível para outra condição médica ou para efeito de alguma medicação.

O padrão alimentar da SAN é caracterizado por ingestão alimentar que acontece antes do paciente deitar-se ou nos períodos em que desperta de seu sono. Os alimentos são ingeridos em grande quantidade de duas formas distintas: a) em um episódio de compulsão alimentar, nesse caso a ingestão alimentar costuma ocorrer antes do início do sono e se associa à dificuldade para começar a dormir; b) comportamento nomeado de "beliscador noturno", no qual o indivíduo acorda muitas vezes durante a noite para comer.

O indivíduo com SAN experimenta a sensação de falta de controle em relação à comida: a primeira "beliscada" pode desencadear um processo de "comilança" que dura toda a madrugada. Num primeiro momento, o comportamento poderia aliviar a ansiedade e a depressão, mas logo após a ingestão alimentar noturna, o paciente sente-se culpado e triste. O hábito de comer sozinho, escondido de familiares e amigos, também é comum em comedores noturnos. Além da anorexia pela manhã, a alimentação durante o dia é, em geral, restritiva e associada a irritabilidade, ansiedade, fadiga e fraqueza que pioram no final do dia.

Existem duas características que podem facilitar a diferenciação entre a SAN e o TCAP. São elas:

1. Horário específico para que ocorra o comportamento alimentar patológico. As compulsões alimentares do TCAP ocorrem em qualquer horário do dia e não cursam com anorexia matinal;

2. As interrupções do sono estão relacionadas apenas ao SAN.

Já o sentimento de culpa e depressão, posteriores aos episódios de CA estão presentes tanto no TCAP quanto na SCN.

A necessidade de mais pesquisa para uma melhor compreensão dessa síndrome é uma opinião unânime entre os estudiosos, por isso ela ainda não pode ser definida como um TA e permanece como uma síndrome dentro dos TANE.

Como podemos perceber, a conduta dos pacientes com TA chama atenção e em alguns casos se presta a uma abordagem puramente sintomática por seu caráter invasivo e suas consequências somáticas. Todavia, é importante ressaltar que por trás das informações até aqui apresentadas, ligadas ao caráter estereotipado da expressão comportamental dos TA's, encontra-

-se uma grande diversidade e complexidade psíquica. Além do caráter repetitivo do comportamento alimentar, os transtornos das condutas alimentares revelam uma dinâmica específica das relações e dos investimentos emocionais. São esses aspectos que abordaremos de forma aprofundada nos próximos capítulos.

CAPÍTULO III

PSICANÁLISE E COMPULSÃO ALIMENTAR

Fome Come

Gente eu tô ficando impaciente
A minha fome é persistente
Come frio come quente
Come o que vê pela frente
Come a língua come o dente
Qualquer coisa que alimente
A fome come simplesmente
Come tudo no ambiente
Tudo que seja atraente
É uma forma absorvente
Come e nunca é suficiente
Toda fome é tão carente
Come o amor que a gente sente
A fome come eternamente.
No passado e no presente
A fome é sempre descontente
[...]

(Composição: Sandra Peres e Paulo Tatit)

No atual capítulo vamos nos debruçar sobre o referencial teórico psicanalítico, a partir da teoria kleiniana, para propor uma concepção teórica dos aspectos psíquicos da CA. Esse caminho não se pretende excludente nem exclusivo, pelo contrário, é uma tentativa de junto com os tópicos abordados nos capítulos anteriores entender os diferentes fatores que interagem entre si para predispor, precipitar e manter a CA. Como minha formação é psicanalítica, os aspectos psíquicos dos TAs acabam recebendo maior destaque em minha visão e compreensão desses transtornos, e consequentemente nessa obra.

1. Posição depressiva e Clivagem maníaco-depressiva

Melanie Klein, foi uma psicanalista austríaca que viveu no período de 1882 até 1960, sua dedicação aos estudos psicanalíticos se iníciou tardiamente, aos 42 anos. Desenvolveu sua obra a partir de observações analíticas e sempre valorizou a importância do contato direto com os pacientes. Como não tinha uma formação acadêmica, utilizou-se dos instrumentos de que dispunha para trabalhar: seu apaixonado interesse pelas questões psicanalíticas, uma grande capacidade para leitura das obras de Freud, Abraham e Ferenczi, e o desejo de tentar oferecer a si mesma e aos pacientes algum tipo de compreensão que pudesse diminuir a intensidade da dor psíquica. Sua intuição e o contato direto com os processos e fenômenos psíquicos levaram à construção racional e sistemática dos conceitos que sustentam seu pensamento.

Começarei esse mergulho no pensamento kleiniano pela definição de "fantasia inconsciente", formulada por Susan Issacs[1]: "A fantasia é o conteúdo primário de processos mentais inconscientes". Essa definição clara e sucinta sintetiza muito bem a ideia proposta pela autora de que toda atividade mental se dá com base em relações fantasiadas com objetos.

Melanie Klein descreveu uma extraordinária vida de fantasia; em sua obra, investigou a maneira pela qual a fantasia inconsciente penetra e dá significado aos acontecimentos reais do mundo externo e, ao mesmo tempo, a maneira pela qual o mundo interno apresenta significado sob a forma de fantasias inconscientes.

Uma fantasia inconsciente pode ser descrita como a crença nas atividades de objetos internos concretamente sentidos. Em outras palavras, a experiência somática provoca uma experiência mental que é interpretada como um relacionamento com o objeto.

---

[1] ISSACS, S. Natureza e a função da fantasia. In: KLEIN, M; HEIMANN, P.; RIVIÈRE, J. I. *Os progressos da psicanálise*. Rio de Janeiro: Guanabara, 1986. p. 82.

Esse objeto, entendido como o verdadeiro responsável pela sensação corporal, será amado ou odiado pelo sujeito de acordo com a sensação, agradável ou desagradável, experimentada. Dessa maneira, uma sensação desagradável é mentalmente representada como um relacionamento com um objeto mau, que pretende ferir e danificar o sujeito.

Podemos ilustrar essa ideia por meio da imagem de um bebê com fome. Junto da fome, temos uma sensação desagradável no estômago, que se representa mentalmente para o bebê como um objeto maléfico concretamente localizado em sua barriga. Quando dizemos que estamos sentindo pontadas de fome no estômago, voltamos a essa forma de vivenciar primitiva, animista e concreta, embora nosso conhecimento de que a fome é algo fisiológico não seja negado.

O bebê está absorto em interpretações primitivas de sua realidade e ainda não possui conhecimentos elaborados sobre seu organismo. Inversamente, quando é alimentado, a experiência que tem é de um objeto benevolente em sua barriga, que lhe causa sensações agradáveis. Após a alimentação, a sensação de plenitude contribui para a fantasia de que um maravilhoso objeto reside dentro de seu estômago.

A raiva e o medo do bebê, à medida que a fome permanece insatisfeita, são consequências de reações pulsionais, mas ele as experimenta como a ameaça crescente de um perseguidor cada vez mais hostil que ataca sua barriga causando-lhe sofrimento. Essas fantasias temíveis são o que mais se aproxima de uma manifestação direta da pulsão de morte, nesse caso desviada para um objeto.

Segal[2] apontou que a fantasia não é apenas a representação mental da pulsão, mas pode também ser elaborada para

---

[2] SEGAL, H. *Introdução à obra de Melanie Klein*. Rio de Janeiro: Imago, 1975.

representar ações defensivas contra a ansiedade. Mais tarde, à medida que o sujeito passa da posição esquizoparanoide para a depressiva, a fantasia fica menos vinculada às sensações corporais. O mundo interno passa a ser mais povoado por objetos simbólicos do que concretamente reais. Contudo, remanescentes dos primitivos objetos concretos sobrevivem e são ocasionalmente experienciados como somatizações e condições psicossomáticas. A ansiedade é ainda expressa e até mesmo experimentada como "borboletas no estômago" e a tristeza como "nó na garganta".

Os pacientes com TAs vivenciam no corpo seus objetos fantasiados. Isso pode ser entendido como uma indicação de que estariam ainda muito próximos a essa época em que as fantasias, instintos de fome e objetos de saciedade não eram discriminados[3]. Como nesse relato retirado da autobiografia de Marya Hornbacher:

> Não lembro de uma época que tenha tido certeza do significado da expressão estar com fome, ou de uma época em que lembre de comer por estar fisicamente com fome. "Estar com fome" era implorar para minha mãe assar pão, assegurando assim uma proximidade ao perfume dela, a possibilidade de ficar de pé numa cadeira com as mãos dela sobre as minhas enquanto sovávamos a massa. "Estar com fome" era convencer meu pai a me levar para tomar sorvete de frutas, assegurando assim suas piadas e vozes engraçadas. "Estar com fome" era o mesmo que estar sozinha, e não estar com fome era o mesmo que estar assustada[4].

Melanie Klein descreve a voracidade como a avidez com que o bebê deseja o seio materno. Ele quer o seio e também tudo o que há nele e além dele, o corpo e tudo o que houver de precioso

---

[3] Desenvolverei melhor a ideia ainda neste capítulo, no tópico "Imagem Corporal".
[4] HORNBACHER, M. op. cit. p. 35.

nele. Mais, o querer quer sempre mais. Melanie Klein chamou isso de "sucção vampiresca": que estaria latente no fundo de todo desejar adulto como um turbilhão insaciável. No adulto, o caráter insaciável do desejo é menos evidente, pois sua expressão foi longamente modificada pelas defesas e pela ampliação das capacidades do ego de sublimar e reparar.

O desejo de devorar o corpo materno é simultaneamente avidez de amor e de destrutividade canibal. Dois mecanismos, a introjeção e a projeção, regulam as trocas com o mundo externo, estabelecendo o metabolismo básico de intercâmbio entre um dentro e um fora que se constituem por meio da entrada e saída de bons e maus objetos. Já os bons e maus objetos constituem-se a partir da interação entre os cuidados maternos (presentes ou ausentes) e os impulsos amorosos e agressivos da criança.

Para os kleinianos, uma introjeção normal seria a capacidade de introjetar os aspectos bons do objeto, ao passo que uma introjeção canibal é a introjeção do objeto destroçado, destituído de valor, com o qual ocorre a identificação. Na impossibilidade de se introjetar os aspectos bons do objeto, a introjeção passa a ter apenas o "devorar e ser devorado" como horizonte possível na relação com o outro[5].

Um dos aspectos mais interessantes da teoria kleiniana é a oscilação entre a posição esquizoparanoide e a posição depressiva. Na teoria de Klein, uma posição nada mais é do que uma forma de se posicionar perante o objeto. Na posição esquizoparanoide, a angústia predominante é o medo de ser aniquilado ou devorado e a preocupação dominante é com a preservação do ego. Essa posição seria aquela que caracteriza os primeiros meses de vida, momento em que predominam as relações de objetos parciais, o sadismo, os ataques sádicos contra o corpo da mãe e a dimensão destrutiva da voracidade.

---

[5] A introjeção canibal será abordada novamente no tópico "O vazio intolerável na compulsão alimentar", ainda neste capítulo.

Na posição depressiva, estar diante do objeto é, antes de tudo, reconhecê-lo como algo que se deseja preservar e que pode ser perdido. Nessa fase, a angústia é depressiva; ou seja envolve o medo de ter danificado o objeto amado do qual o bebê depende e o medo de que esse objeto morra ou desapareça. É uma angústia culpada, na qual se tem medo dos estragos produzidos no objeto de amor. Mas durante a posição depressiva a angústia paranoide não desaparece; ou seja, o temor pela preservação do ego vê-se acrescido de temores pela integridade do objeto[6].

Na fase anterior, o interesse pelo mundo reduzia-se ao sadismo, diminuindo-se os desejos orais em razão da ansiedade paranoide. Mas a partir da identificação com o objeto total abre-se novamente o apetite e o desejo de engolir o objeto bom. Introjetar com avidez serve para diminuir a angústia depressiva de ter destruído o objeto bom e para apaziguar os perseguidores internos.

O desenvolvimento envolve uma série de movimentos alternados de integração e discriminação entre o bom e o mau, o fantástico e o real, o externo e o interno. Cada um desses movimentos gera novos problemas que se somam aos anteriores: o movimento de integração do bom e do mau leva a uma concepção de si e do mundo mais integrada, porém algo de cruel do objeto mau integra-se ao objeto bom, aumentando sua exigência.

Klein assinalou a importância das fantasias arcaicas de devoração sádica, destruição e envenenamento. Ao pensar a teoria kleiniana, pode-se situar a CA na articulação das duas fases precoces de desenvolvimento mental, anteriormente descritas – esquizoparanoide e depressiva – com o fracasso da posição depressiva, a existência de angústias paranoides, e a prevalência do recurso às defesas maníacas e à clivagem.

---

[6] Dois dos textos de Klein são os mais importantes para a compreensão da posição depressiva. São eles: "Uma contribuição à psicogênese dos estados depressivos" (1935) e "Luto e sua relação com os estados maníacos depressivos" (1940).

A mania é a negação da realidade psíquica e a tentativa de triunfar sobre ela a partir de atos de onipotência, ou seja, por meio da manipulação das condições externas e da recusa de passar por uma transformação interna. A idealização maníaca do corpo magro como protótipo de perfeição e satisfação pessoal torna-se cruel, pois nasce da angústia de desintegração decorrente de uma formação superegoica arcaica, que faz exigências impossíveis de atender.

Um exemplo dessa idealização maníaca da magreza, apresentada pelos pacientes com TA, pode ser ilustrado com o seguinte trecho da biografia de Hornbacher:

> [...] quando uma mulher é magra, ela prova o seu valor, de um jeito que nenhuma grande conquista, nenhuma carreira estelar, absolutamente nada pode superar... Uma mulher magra pode ter tudo o que quiser. No espelho eu esticava a pele do meu rosto e sorria um sorriso exagerado e prognata[7].

No momento em que a criança reconhece a mãe como objeto total e percebe que ela não obedece prontamente às suas ordens, ocorre a entrada na posição depressiva. A elaboração dessa posição vai depender de como serão elaboradas a presença e a ausência materna, a onipotência e a impotência infantil, além das tendências de amor e ódio que dependem da tolerância à frustração.

Pode-se pensar a dinâmica da posição depressiva associada ao sentimento de perda da posse absoluta e do controle onipotente do objeto amado. Descobrir que o objeto amado existe independentemente do próprio sujeito pode ser considerada a grande ferida narcísica que nunca quer cicatrizar. Leva tempo para a criança aceitar uma posição de poder relativamente frágil e aprender a esperar com paciência os momentos de satisfação.

---
[7] HORNBACHER, M. op. cit. p. 99.

Para isso, é preciso tolerar as frustrações, e isso depende do estabelecimento do objeto bom internamente.

A introjeção do objeto bom é o processo de se pôr para dentro do aparelho psíquico todas as experiências de prazer, formando uma dinâmica bem estabelecida, isto é, a reserva interna de experiências de prazer que pode funcionar como uma garantia de acesso ao prazer e à segurança, aumentando assim a capacidade de tolerar a frustração, equivalente a um aumento de tolerância à própria realidade psíquica. Essa introjeção é o último estágio de um longo processo de integração de diferentes aspectos, como o amor e o ódio, dentro e fora, imaginário e real, onipotência e impotência.

O complexo de Édipo e a posição depressiva sempre estiveram associados no pensamento kleiniano. Para a autora, representam duas maneiras de abordar uma única questão nuclear da vida, que envolve temporalidade e transitoriedade. Além disso, o complexo de Édipo implica sempre o complexo de castração, que equivale à passagem dos ideais absolutos para os ideais que podem ser realizados, ou seja, a passagem do "tudo" para "alguma coisa", do "sempre" e do "já" para o "às vezes" e o "daqui a pouco".

Nos pacientes com TAs percebemos que a magreza idealizada permanece como um ideal absoluto; isso ocorre porque com uma função egoica fragilizada, o ideal do ego passa a ser a instância dominante. O idealizado, constituído por meio do externo, materno e social, passa a ser o que deve ser alcançado. A magreza absoluta enquanto ideal do ego é inatingível e por isso a sua busca leva a uma insatisfação crônica em relação ao corpo. A magreza torna-se um fim em si mesma[8].

---

[8] Resolvi introduzir o seguinte comentário para apresentar alguns conceitos fundamentais da teoria freudiana, pensando naqueles leitores das mais diversas profissões envolvidos no tratamento dos transtornos alimentares, que podem não estar familiarizados com a psicanálise.
Três noções freudianas estão relacionadas ao ego e ligadas entre si. São elas: o narcisismo, que

A má diferenciação entre as instâncias superego e ideal do ego faz com que elas alimentem-se mutuamente de suas exigências mais arcaicas. O ideal é frequentemente reduzido a um ego ideal, cuja realização inatingível serve para torturar o ego, enquanto o superego arcaico, mais sob o signo da refutação do que sob o da culpa da transgressão, serve para desqualificar qualquer realização que poderia sustentar o narcisismo.

A construção de bases narcísicas suficientemente estáveis permite à criança um sentimento de segurança e continuidade que lhe possibilita, mais tarde, manter-se graças a seus próprios recursos. Os pacientes com CA demonstram uma fragilidade narcísica que pode ser percebida tanto nas características de suas modalidades relacionais objetais quanto no olhar que lançam sobre si mesmos, e em sua relação com a própria imagem. A intensidade e mesmo a avidez da CA refletem a importância do engajamento narcísico. Essas características trazem a marca, ao mesmo tempo, das insuficiências das internalizações e das bases narcísicas, da fragilidade dos limites e da diferenciação do superego e do ideal do ego, que continuam impregnados de elementos arcaicos. Jeammet[9] aponta que, na tentativa de assegurar um equilíbrio narcísico, esses pacientes ficam excessivamente dependentes do olhar dos outros, em detrimento de seus próprios investimentos.

---

se refere ao ego como objeto de amor; a identificação, como mecanismo constitutivo do ego; e a diferenciação no seio do ego de componentes ideais (ideal do ego/ego ideal/ superego).

A função essencial do ideal do ego é ser uma referência para o ego. Sua origem, apesar de sua atualização reforçada no momento do Édipo, é principalmente narcísica. O ego ideal é a instância originária em que se constitui o ego do sujeito a partir do que Freud denominou narcisismo primário. O ego ideal define-se como um ideal de onipotência narcísica forjado a partir do modelo do narcisismo primário. Nele o sujeito se define como seu próprio ideal, numa relação eminentemente dual com sua própria imagem.

No ideal do ego, o sujeito não é seu próprio ideal; este ideal é algo que o transcende e ao qual ele deseja atingir. Essa passagem do ego ideal para o ideal do ego instaura a dimensão temporal, guardiã do desejo, das contradições e das interdições.

Para uma leitura mais aprofundada sobre esse tema recomendo o texto freudiano "Uma introdução ao narcisismo" (1914).

[9] JEAMMET, P. A abordagem psicanalítica dos transtornos alimentares. In: URRIBARRI, R. *Anorexia e Bulimia*. São Paulo: Escuta. 1999.

A capacidade de sublimação dos pacientes com CA também encontra-se prejudicada, tendo em vista que a sublimação se dá exatamente pela superação da captura narcísica, quando o ego se interessaria por outros objetos, lançando-se à alteridade, orientado por ideais que transcendem ao próprio sujeito. Para além do ego ideal, o ego entra no campo da alteridade, no qual busca substituir o objeto primordial por outros.

Com efeito, o narcisismo desses pacientes é amplamente sustentado por objetos externos e sua autoestima é tributária desse suporte externo. A falta de autoestima[10] traduz-se pelas atitudes de denegrimento que eles adotam em relação a si mesmos ou pelo vivido de vazio e insignificância. O resultado é uma dependência exagerada em relação a fontes de valorização externa.

Kestemberg e Decobert[11] mostram que, nos casos de CA, a intensidade e a forma da regressão referem-se a uma falha da organização narcísica da personalidade, assim como a uma falta na constituição do objeto interno. Os autores afirmam que:

> Eles vivem mais o registro da vergonha do que o da transgressão. Assim, por exemplo, deixar-se levar a satisfazer um desejo (comer em particular) representa a seus olhos uma perda, mas não um erro. Parece, então que seu superego é amplamente confundido com o ideal do ego arcaico, o que testemunha novamente a importância dos investimentos narcísicos, o nível da regressão e a fuga precipitada diante de um conflito edípico mal estruturado.

---

[10] A autoestima baseia-se na confiança que o indivíduo tem em si mesmo, na segurança da capacidade de enfrentar dificuldades, na coragem de lutar pela própria felicidade, o que dá aos reveses sua verdadeira dimensão. Autoestima é sinônimo de amor-próprio, e significa gostar de si mesmo, acreditar que se é merecedor de amor e respeito por parte dos outros e de ser feliz, realizar-se como ser humano. Ela inclui a autoconfiança, que se refere à competência social, e a autoaceitação, ligada ao respeito profundo por si mesmo.
Popularizada, mas pouco compreendida, não deve ser confundida com egoísmo, que se caracteriza como pensar e agir movido por interesses sem considerar os outros; com arrogância, expressão de soberba quando simplesmente se acredita ser melhor que os outros; ou com egocentrismo, característica de quem se acha o centro do universo.

[11] KESTEMBERG, E.; DECOBERT, S. *La faim et le corps*. Paris: PUF, 1972. p. 144.

Melanie Klein fala de uma situação edipiana precoce que se forma a partir da ausência da mãe e das fantasias associadas à não-mãe. Desse Édipo precoce oral surgem sentimentos de perda iminente do pai e da mãe e angústias primitivas chamadas de psicóticas, que demandam elaboração. Pode-se afirmar que uma boa resolução do complexo de Édipo oral envolve a construção interna do pai e da mãe em suas funções de cuidar e proteger, e mantendo uma relação amistosa entre si.

Como vimos anteriormente, a entrada na posição depressiva está vinculada ao desmame e ao surgimento do objeto total. Porém depois da entrada na posição depressiva vem a fase, ainda mais difícil, de sua elaboração. Esse processo, nos casos mais saudáveis, ocupa os cinco primeiros anos de vida e é chamado de período de elaboração da neurose infantil.

Na teoria kleiniana as perdas e lutos não aparecem apenas como episódios contingentes e acidentais, mas sim como partes integrantes e indispensáveis da travessia existencial de cada um. Logo, a saúde mental não significa escapar a esse destino; ao contrário, significa encara-lo e assumi-lo.

O processamento do complexo de Édipo e da posição depressiva são, fundamentalmente, processos de luto. A partir deles alcança-se o fim das ilusões onipotentes e do narcisismo fálico da primeira infância, e abre-se espaço para os ideais mais secundários e para a difícil passagem da aspiração de ser tudo para a de ser alguém. O aprisionamento no complexo de Édipo e a dificuldade de separar-se dos pais podem assumir a forma de uma nostalgia da díade mãe-bebê, revivida em outras relações.

É importante observar que, ao descrever a elaboração da neurose infantil, Melanie Klein mostra como as defesas maníacas alternam-se com momentos deprimidos, ou seja, momentos de maior onipotência alternam-se com sentimentos de profunda impotência. A relação de poder entre o eu e o mundo no luto normal só se constitui por meio dessa oscilação entre os pólos de excesso (mania) e falta (depressão).

O excesso manifesta-se tanto nas fantasias de destruição quanto nas de reparação, assim como na idealização que transforma os objetos em extremamente bons ou maus. Os objetos idealizados da mania são invocados para fugir ao caráter frustrante dos objetos reais e são também uma forma de negação do desamparo. Sempre que o caráter maníaco estiver presente há um componente sádico, tendo em vista que a onipotência desmedida e o sadismo estão sempre associados.

Essa associação reflete o fato de que os objetos bons muito idealizados são formações reativas contra impulsos sádicos muito intensos. Se as reparações são feitas de maneira obsessiva, os aspectos sádicos podem predominar por meio do desejo de controle do objeto e da gratificação imediata, levando os objetos que deveriam ser restaurados e transformados em benignos a voltarem a ser perseguidores.

Nos casos de CA existe uma clara idealização da magreza, que poderia ser entendida como uma formação reativa aos impulsos sádicos muito intensos, representados pelos impulsos incontroláveis de comer compulsivamente. A clivagem muito acentuada entre esses dois pólos leva a um enfraquecimento do ego; isso ocorre porque tanto o pólo idealizado quanto o perseguidor permanecem cindidos do ego – uma forma de enclave superegoico – e as energias pulsionais que eles produzem não ficam à disposição do ego.

A clivagem do ego remete ao modelo de funcionamento na melancolia, que se refere à perda de um objeto que não pode se resolver pelo processo de luto. Isso vai acarretar uma inclusão do objeto no ego e em uma clivagem do ego em duas partes, uma atacando a outra. O complexo melancólico comporta-se como uma ferida aberta, atraindo para ele energias de investimentos de todos os lados e esvaziando o ego até empobrecê-lo totalmente.

Aqui, podemos destacar brevemente algumas elaborações freudianas sobre a melancolia em *Luto e Melancolia*, de 1915:

> Existem, num dado momento, uma escolha objetal, uma ligação da libido a uma pessoa particularmente, então, devido a uma real desconsideração ou dasapontamento proveniente da pessoa amada, a relação objetal foi destroçada. O resultado não foi o normal – uma retirada da libido desse objeto e um deslocamento da mesma para um novo – mas algo diferente, para cuja ocorrência várias condições parecem ser necessárias. A catexia objetal provou ter pouco poder de resistência e foi liquidada. Mas a libido livre não foi deslocada para outro objeto; foi retirada para o ego. Ali, contudo, não foi empregada de maneira não especificada, mas serviu para estabelecer uma identificação do ego com o objeto abandonado. Assim, a sombra do objeto caiu sobre o ego, e este pôde, daí por diante, ser julgado por um agente especial, como se fosse um objeto, o objeto abandonado.[12]

A partir da concepção da segunda teoria do aparelho psíquico, Freud constitui, do ponto de vista econômico, o id como pólo pulsional: composto pelas pulsões de vida e pulsões de morte, é o reservatório da energia psíquica. O ego aparece então como centro de ligação dos processos psíquicos e de trocas de investimentos entre ele e o objeto, e o superego traz em si a função de formação de ideais, de consciência moral e de auto-observação.

Segundo Freud,[13] a distinção entre a função de consciência moral e a função de ideal é ilustrada nas diferenças que procura estabelecer entre sentimento de culpa e sentimento de inferioridade. Ambos são resultados de uma tensão entre o ego e o superego, mas o sentimento de inferioridade estaria relacionado

---

[12] FREUD, S. Luto e Melancolia. In: FREUD, S. *Edição Standard Brasileira das Obras completas de Sigmund Freud*. Imago: Rio de Janeiro, 1915. v. XIV. p. 281.
[13] FREUD, S. Novas Conferências Introdutórias sobre a Psicanálise. In: FREUD, S. *Edição Standard Brasileira das Obras completas de Sigmund Freud*. Imago: Rio de Janeiro, 1933. v. XXII.

a uma tensão entre o ego e o ideal, na medida em que o ideal é mais amado do que temido. Na melancolia, o ego divide-se quando é abandonado pelo objeto. Uma parte do ego incorpora o objeto, identificando-se com ele; a outra parte do ego ataca cruelmente a primeira. A parte que ataca é aquela que sente a perda do objeto como uma ferida narcísica. Estabelece-se, assim, uma luta entre o herdeiro do ego narcísico infantil, o ideal do ego, e o objeto perdido, agora fazendo parte do ego.

Rodolfo Urribarri, a partir de sua experiência com pacientes que sofriam de TAs, observou a importância das vivências prematuras de perda, tanto das perdas objetivas como das mais sutis modificações a sua volta. Segundo o autor, há nesses pacientes um profundo desamparo ligado ao desamparo precoce. A perda tem uma expressão/inscrição direta no corpo, e as sensações de vazio e solidão afastam ainda mais esses pacientes de seus vínculos.

Nos próximos tópicos deste capítulo pretendo apresentar como as falhas precoces da relação mãe-bebê estão envolvidas na clivagem do ego, na conduta compulsiva e nas questões referentes a imagem corporal. Para tanto, vou desenvolver a ideia de que uma das possíveis formas de se entender a CA seria por meio da introjeção canibal da objeto primário, que levaria à danificação do objeto interno e à clivagem do ego em dois polos conflitantes: magreza idealizada e impulso incontrolável de comer. As falhas precoces na relação mãe-bebê e o enfraquecimento do ego ainda influenciariam o comportamento aditivo em relação à comida e os desajustes relativos à imagem corporal, como veremos a seguir.

2. O vazio intolerável

A angústia do vazio nos pacientes com CA é algo que chama atenção. O sujeito busca desesperadamente preencher-se com tudo que lhe cai nas mãos; no episódio de compulsão alimentar, o desencadeamento da pulsão não encontra nenhum freio ou obstáculo e a luta contra o sentimento de vazio interior não encontra remédio. É difícil qualificar esse vazio, pois por trás da impressão de vazio físico é de vazio psíquico que o paciente sofre, como se estivesse totalmente desprovido de objetos internos e precisasse a qualquer preço suprir essa falta pela ingestão de objetos externos indiferenciados.

Dois trechos da autobiografia de Marya Hornbacher descrevem claramente esses dois momentos: o primeiro é uma descrição da autora sobre o que denomina ser um vazio interior, e da comida enquanto apaziguadora desse vazio; o segundo trata do descontrole e da força do desencadeamento da pulsão durante a compulsão, sem freio ou obstáculo:

> A comida tem duas qualidades importantes para todos os humanos. Primeiro, ela incita uma sensação de cuidado. A comida física se transubstancia em nossas mentes em algo mais etéreo, de cuidado humano e emocional, uma sensação de que as nossas fomes estão sendo saciadas. Mesmo quando esteja apenas enfiando punhados de batatas fritas na boca compulsivamente, você ainda sente que algum vazio está sendo preenchido, ainda que brevemente. Em segundo lugar, a comida produz um efeito químico de acalmar o cérebro. A comida me dava uma sensação de que as coisas iam ficar bem. Que se eu só comesse as coisas de um jeito específico, se eu comesse comidas especiais, o meu cérebro ficaria parado, o mundo pararia de rodar, e eu teria um foco definido para olhar. As coisas continuariam tranquilas[14].

---
[14] HORNBACHER, M. op. cit., p. 36.

> Na primeira vez que você come sem parar, na primeira vez que sente aquela repentina onda de necessidade tomar conta de você, que sente o seu rosto tenso de desespero por comida, qualquer comida, agora, você sabe que tem alguma coisa errada. E me deixe dizer que a primeira coisa que vem à mente não é "Puxa, eu devo estar realmente chateada com alguma coisa. Deixe-me sentar e pensar no que pode ser". A primeira coisa que vem à mente é: mais comida. E então, a nauseante percepção de que você é, de fato, tão incontrolável, carente e glutona como sempre suspeitou em segredo. Depois que você se dá conta disso, não há por que parar. Você diz: "Foda-se, então. Sou uma vaca, gorda, cadela, feia, fraca, lesma, porca e posso muito bem continuar comendo"[15].

Winnicott, importante pediatra e psicanalista inglês, em uma das raras alusões que fez à CA, afirma que:

> Um sintoma antissocial muito comum é a gula [...] se examinarmos a gula, encontraremos o complexo de desmame afetivo [...] Quando há uma tendência antissocial, é porque houve um verdadeiro desmame (não apenas uma simples privação); ou seja, houve uma perda de algo bom, que foi positivo na experiência da criança até uma determinada data, e que lhe foi retirado. [...] A gula faz parte da compulsão da criança em procurar curar-se de sua mãe, que causou a privação[16].

Em outro artigo, Winnicott, evoca a bulimia como modalidade defensiva contra o caráter aterrorizador do vazio, e aponta que se no início da vida do bebê a mãe falhar em garantir a possibilidade da experiência do vazio, este será, ao mesmo tempo, imperativamente buscado e terrivelmente temido pelo sujeito.

Na prática a dificuldade reside no fato que o paciente

---

[15] HORNBACHER, M. op. cit., p. 265.
[16] WINNICOTT, D.W. A tendência anti-social. In: *Da pediatria à psicanálise*. Rio de Janeiro: Imago, 2000. p. 180-181.

> teme o caráter assustador do vazio e ele organizará para se defender um vazio controlado, por exemplo, não comendo ou não aprendendo; ou ainda ele se preencherá sem dó por uma glutonice compulsiva e sentida como louca. Quando o paciente pode ir até o próprio vazio e suportar esse estado, graças à dependência do ego auxiliar do analista, absorver pode então aparecer, de repente, como uma função que dá prazer; é nesse momento que comer pode começar a ser outra coisa além de uma função dissociada (ou proveniente da clivagem) enquanto parte da personalidade; da mesma maneira, alguns pacientes, até lá impossibilitados de aprender, podem começar a aprender com prazer[17].

Outro conceito importante de Winnicott, para se pensar a questão do vazio, é o de espaço transicional. Esse espaço é o intermédio entre o sujeito e o objeto, e se origina da relação inicial entre a mãe e o bebê, na separação e união da criança com sua mãe, permanecendo ao longo de toda a vida. A falta desse espaço transicional, no qual a criança pode criar, é muitas vezes substituída por um vazio angustiante ou pela tendência desesperada de ocupá-lo, de preenchê-lo com tarefas ou objetos.

Já Pierre Fédida, filosofo, psicólogo e psicanalista francês, ao escrever sobre o tema, afirma que:

> [...] a compulsão bulímica se entende segundo essa bipolaridade de uma falta interior que deve ser preenchida ou reparada e de uma representação de desejo que deve ser anulada ou destruída. Digo "representação de desejo", pois não estaria longe de pensar que a bulimia é, paradoxalmente, o meio de que o obeso se serve para destruir por sufocamento a criança ávida que, nele, reclama e exige o amor único a que pretende exclusivamente. Lançar-se-ia aqui a hipótese de uma situação que a mãe não pôde assegurar essa modulação da ilusão primitiva, não

---
[17] WINNICOTT, D. W. La crainte de l'effondrement. *Nouvelle Revue de Psychanalyse*, n. 11. Paris: Gallimarde, 1974. p. 42.

esteve em condições de permitir a elaboração metaforizante do seio. Trata-se tanto de mães que não puderam deixar de dar quanto o inverso, mães incapazes de conter as projeções angustiantes da criança[18].

A partir dessas e de outras contribuições da teoria psicanalítica (que veremos em seguida), tentei entender esse vazio[19] intolerável, assim como a deficiência de objetos internos dos pacientes, e passei a considerar a possibilidade de que os excessos de ausência ou presença da mãe poderiam levar a uma introjeção canibal do primeiro objeto de amor, que ao ser introjetado dessa forma seria destroçado, não podendo ser representado no mundo psíquico da criança. Assim, a mãe cuidadora não é sentida como presente no psiquismo da criança e não se cria um substituto para a presença da mãe que assegure ao bebê a possibilidade de lidar com a sua ausência concreta, garantindo assim um apaziguamento diante dos excessos pulsionais.

Essa introjeção canibal do objeto primário reflete o desamparo do sujeito diante das pulsões e deixa-o desprotegido diante da perda do objeto. Consequentemente, o sujeito passa a buscar nos objetos externos (nesse caso, a comida) uma ilusão de preenchimento do sentimento de vazio com o qual não consegue lidar. Ou seja, o paciente utiliza o alimento como substituto dos objetos faltantes em seu mundo interno; essa tentativa, porém, não é bem sucedida, e sua busca torna-se incansável, infrutífera e infindável.

O processo de introjeção normal possibilita a superação da dependência do sujeito ao objeto, permitindo a expansão de seus

---

[18] FÉDIDA, P. *Corpo do vazio e espaço da sessão*. Paris : J. P. Delarge, 1977. p. 297.
[19] Acho apropriado explicar um pouco melhor o vazio ao qual me refiro. Vazio, não responsividade, solidão fundamental. Silêncio, que advém da incapacidade de conter as angústias do ego infantil. Vazio permeado por uma pulsionalidade exagerada, com voracidade intensas por parte do *self*. Esse vazio inibe o criar e compromete o desenvolver-se.
Não estamos falando aqui de um vazio físico, como muitas vezes pode parecer nos relatos dos pacientes; não se trata de um vazio real no estômago que poderia ser preenchido concretamente com comida. Mas tampouco se trata de um conceito nosográfico de vazio estrutural. Refiro-me a um vazio que remete ao desamparo, à violência pulsional e à melancolia.

investimentos libidinais em direção a um vasto campo de objetos substitutos. Esse processo envolve um trabalho de luto e de elaboração da experiência de perda, e representa, consequentemente, um processo de mudança psíquica, que deve reorganizar-se em função da assimilação das propriedades do objeto. Dessa forma, a introjeção está na base dos processos identificatórios.

O processo de introjeção canibal do objeto primário diz respeito a um objeto impossível de ser metabolizado, que vem a ser introjetado e assim mantido clivado no interior do psiquismo. Essa clivagem do ego não se mantém inativa, pelo contrário, exerce violenta influência sobre o psiquismo do sujeito.

Utilizarei agora o conceito de André Green,[20] psiquiatra e psicanalista, de "objeto absolutamente necessário" para tentar explicar a falha na introjeção do primeiro objeto amoroso que, do meu ponto de vista, pode vir a desencadear todo o processo descrito acima.

A principal característica do objeto absolutamente necessário, conforme proposto por Green, é que ele deve deixar-se apagar. É o objeto efetivamente perdido, pelo qual se pode fazer o luto, ao contrário do objeto da melancolia. O objeto absolutamente necessário é o que mais contribui para os processos de constituição da subjetividade.

A mãe, enquanto objeto absolutamente necessário, ao deixar-se apagar responde a um movimento pulsional em que o trabalho do negativo deixa suas marcas, seja na constituição do próprio objeto em seu lugar no espaço externo, seja na atenuação de sua presença para dar lugar à representação e ao vazio internalizado na forma de estrutura.

Quando o objeto absolutamente necessário não chega a se fazer esquecer, há uma espécie de deturpação dessa função do

---

[20] GREEN, A. op. cit.

objeto – deturpação no sentido de algo que se desvia, que fracassa em sua função de objeto. Esse fracasso diz respeito à impossibilidade do objeto falhar, enganar-se, negativar-se.

Essa falibilidade do objeto/mãe pressupõe um modo que promove um duplo movimento de negação, ou seja, é negado para dentro, sendo esquecido e convertendo-se em estrutura psíquica, em uma espécie de vazio interno; e também é negado para fora, deixando-se perder e distanciar-se para reaparecer como objeto de atração e repulsa.

Figueiredo e Cintra[21], ao falar dos objetos absolutamente necessários, propõem a existência de dois tempos. No primeiro, temos uma função intrínseca e paradoxal do objeto, que está lá para estimular e despertar a pulsão e, ao mesmo tempo, para contê-la. Green enfatiza a função pulsionalizante desse objeto, sem a qual movimentos pulsionais não seriam despertados; em contrapartida, ainda no primeiro momento o objeto deveria conter as pulsões. São essas as suas funções intrínsecas que deveriam ser internalizadas, deixando o objeto cair no esquecimento. Nos pacientes com CA é possível perceber, por meio de suas dificuldades em lidar com as carências e excessos pulsionais, que as funções estimulante e de continência foram precariamente exercidas e mal internalizadas.

No segundo tempo, o objeto absolutamente necessário tem a função de conferir a noção da necessidade de se aceitar que há mais de um objeto. Melhor dizendo, o objeto é negado e posto à distância; assim se desdobra em uma multiplicidade de objetos substitutivos e contingentes, sempre inadequados e falíveis. Essa função é muito importante, pois revela uma forma de presença-ausente do objeto absolutamente necessário sendo inscrita no psiquismo como estrutura e vazio. Tal presença-ausente é a

---

[21] FIGUEIREDO, L. C.; CINTRA, E. Lendo André Green: O trabalho do negativo e o paciente limite. In: CARDOSO, M. (Org.). *Limites*. São Paulo: Escuta, 2004.

base da tolerância a todas as distâncias, ausências e frustrações advindas dos objetos substitutivos.

> Tanto a "ausência da ausência" quanto a "presença da presença" desconhecem o vazio. Em ambos os casos o processo de constituição psíquica fica obstruído, ou seja, o primeiro tempo não se consuma e o segundo tempo não se instala[22].

Quando não se deixa esquecer, não sendo, portanto, simultaneamente introjetado como função e vazio, o objeto absolutamente necessário torna-se excessivo e intrusivo, seja em suas funções estimulantes ou de continência. Nos casos de CA o excesso de presença resulta numa falta, pois no lugar da distância e da multiplicação dos objetos, o que existe é uma falta insuportável e a demanda ou fixação em um único objeto, no caso a comida. Nesses casos, o objeto responsável por tornar a pulsão tolerável faz com que ela seja vivida de forma ainda mais intolerável.

Esse objeto é excessivamente sedutor e traumatizante nos pacientes com CA, sendo incapaz de exercer efetivamente uma função de continência. Por outro lado, ele é ao mesmo tempo um objeto ameaçador e do qual o indivíduo deve se proteger, o que faz a função estimulante também não ser internalizada, pois seria excessivamente perturbadora. Assim sendo, os pacientes não conseguem manter-se vivos e ativos sem um aporte contínuo de estimulação externa, autoproduzida artificialmente.

Recapitulando a ideia de Green, quando o objeto absolutamente necessário não se deixa negativar, produz com seu excesso uma invasão intolerável, sem dar espaço para a representação e o pensamento, visto que nesses processos o objeto deve estar ausente. Na presença maciça e contínua do objeto primário, não ocorrem os processos de simbolização – em seu lugar aparecem as saídas não representacionais, como as compulsões.

---

[22] FIGUEIREDO; CINTRA, op.cit., p. 20.

Nesses casos em que se extravia o trabalho do negativo, em vez de prestar-se aos processos de constituição psíquica, o objeto não pode despertar as pulsões e/ou não pode contê-las; não pode modulá-las, o que por sua vez acaba potencializando-as no que elas contêm de mortífero.

Para Green, a pulsão é negativada ao ser contrariada; quando lhe são impostas diferenças, escolhas, renúncias e moderação; ou seja, quando a escolha é possível, pois esta sempre envolve uma renúncia, e a renúncia implica não mais querer tudo como alvo da voracidade pulsional.

Segundo Green, a recusa do objeto absolutamente necessário/mãe em deixar-se negativar pode levar a uma falta de estimulação e de contenção das pulsões. Além disso, o objeto não pode ser substituído por uma multiplicidade de outros objetos contingentes e falíveis, nem se desenvolve a base da tolerância a todas as distâncias, ausências e inadequações dos objetos substitutivos.

Acredito, como disse anteriormente, que outra consequência da presença maciça do objeto absolutamente necessário seria a introjeção canibal do objeto primário que levaria à não superação da dependência do sujeito em relação ao objeto e a um empobrecimento do contato com a realidade interna. A introjeção canibal é a introjeção do objeto destroçado, destituído de valor, com o qual ocorre a identificação. Ao invés de se identificar com o objeto cuidador e protetor, o sujeito identifica-se com o objeto destruído e sem valor. A relação com o outro passa a ser então embasada no "devorar e ser devorado". A identificação primária com o objeto destroçado levará a um comprometimento das identificações secundárias relacionadas à organização edípica.

Dessa forma, o objeto primário não é efetivamente perdido, como deveria ocorrer – pelo contrário, é introjetado de forma canibal. O luto deixa de ser possível e a clivagem do ego se anuncia. As dificuldades em lidar com as carências e excessos pulsionais, e as deficiências dos processos de simbolização, derivadas desse processo, levariam os pacientes com CA a se deparar com o que denominamos aqui de "vazio intolerável".

3. A lógica aditiva

As condutas compulsivas, assim como as aditivas, refletem a instabilidade da organização psíquica subjacente. Seu aparecimento não assinala em si a presença de uma estrutura psíquica particular, mas parece testemunhar uma vulnerabilidade do ego e uma instabilidade de seu funcionamento mental, que são suficientemente específicas para constituir a condição necessária ao surgimento de tais condutas, embora não o bastante para que elas sejam uma resposta inevitável.

Antes de começar a falar sobre as questões referentes à adição, gostaria de propor uma breve reflexão sobre as entidades nosográficas nos TAs. Na minha opinião, a personalidade subjacente à conduta da CA não é unívoca. Vários autores tentaram definir sua estrutura e precisar suas ligações com outras entidades nosográficas. Entendo que o que Bergeret diz a respeito da toxicomania aplica-se igualmente à CA. Segundo o autor:

> Não existe nenhuma estrutura psíquica profunda e estável específica da adição. Qualquer estrutura mental pode levar a comportamentos de adição (visíveis ou latentes) em certas condições afetivas e relacionais. A adição é uma tentativa de defesa e de regulação contra as deficiências ou falhas ocasionais da estrutura profunda em questão[23].

Para Bernard Brusset[24], psiquiatra e psicanalista francês, os transtornos do comportamento alimentar ocupam uma posição

---
[23] BERGERET, J. *La toxicomanie et personnalité*. Paris: PUF, 1982. p. 104.
[24] BRUSSET, B. Psicopatologia e Metapsicologia. In: BRUSSET, B.; COUVREUR, C.; FINE, A. *A Bulimia*. São Paulo: Escuta, 2003.

transnosográfica e transestrutural. Essa relativa diversidade do terreno estrutural explica a variedade clínica das formas que se apresentam os TAs, assim como as diferenças de prognóstico e de resposta às terapêuticas.

Os TAs muitas vezes são apresentações das neuroses clássicas, em suas novas roupagens. Mas ainda assim, é inevitável pensar sobre os casos que diferem das neuroses clássicas. McDougall buscou compreender essas formas de conduta alimentar patológicas, articulando sua dinâmica à psicopatologia dos transtornos psicossomáticos e principalmente das adições, reencontrando o modelo freudiano das neuroses atuais, mais precisamente da neurose de angústia, que foi descrita por Laplanche e Pontalis como: "uma neurose atual, mas especificamente caracterizada pela acumulação de uma excitação sexual que se transformaria diretamente em sintoma, sem mediação psíquica"[25].

A dificuldade de situar claramente a especificidade psicopatológica dos transtornos da conduta alimentar leva vários autores a invocar a categoria dos estados-limites ou ainda a das perversões ou das organizações psicossomáticas. Autores como Evelyne Kestemberg, Marcelo Hekier e Henriette Bucaretchi, entendem que os TAs situam-se na interface entre a neurose e a psicose, os denominados estados-limites, *borderline* ou fronteiriços. Green[26] assinala que a angústia estrutural da personalidade do *borderline* divide-se em angústia de separação (perda do objeto) e de intrusão. A angústia de separação para o caso-limite é equivalente às angústias de castração para o neurótico e a angústia de fragmentação para o psicótico.

Nos pacientes limítrofes não prevalece a realização do desejo, mas a tendência ao agir, à descarga, à repetição, ou seja, a elaboração psíquica dá lugar à ação. Diferente do campo das neu-

---

[25] LAPLANCHE, J.; PONTALIS, J. B. *Vocabulário de Psicanálises*. São Paulo: Martins Fontes, 2000.
[26] GREEN, A. *Orientações para uma psicanálise comtemporânea*. Rio de Janeiro: Imago, 2008.

roses, no qual os sintomas são símbolos que substituem conteúdos reprimidos e remetem a alguma outra cena; nos casos-limite predominaria a dimensão do ato, diversa do registro do sintoma, dada a falta de mediação simbólica característica das atuações.

Como aponta Maria Helena Fernandes:

> O mais interessante nos casos-limite é justamente a noção de limite, mais precisamente a noção de fronteira que é evocada a todo momento pelos transtornos alimentares. Fronteira entre o dentro e o fora, entre o eu e o outro, entre realidade e fantasia, entre representação e o irrepresentável. Mas também entre categorias nosográficas, como, por exemplo, as fronteiras entre neurose, psicose, perversão, melancolia e hipocondria. Nesse sentido, as anorexias e bulimias, em toda sua diversidade, parecem contribuir para um questionamento das fronteiras das categorias nosográficas em si, assim como dos diversos campos teóricos e metodológicos que as investigam[27].

Outros autores, como M-C. Célérier, P. Marty e M. M'Uzan, remetem os transtornos alimentares às somatizações e assinalam o papel das falhas da mentalização, a insuficiência ou descontinuidade do registro de funcionamento psíquico neurótico ou psicótico, na origem das somatizações e dos automatismos de comportamento.

Enquanto a corrente representada por P. Jeammet, M. Khan e S. Radó pensa que os TAs podem se apresentar como uma possível forma de perversão feminina. Jeammet coloca que:

> Nos transtornos alimentares o trabalho do negativo, desmentido, recusa, sugere uma analogia com o registro da perversão. [...] A excitação também é obtida com um objeto "alimento" que, como o fetiche, é inanimado, inumano, sempre disponível, de uso individual e indestru-

---

[27] FERNANDES, M. H. *Transtornos Alimentares*. São Paulo: Casa do Psicólogo. 2006. p. 139.

tível já que pode ser sempre renovado, sem perder suas particularidades. Sua utilização comporta igualmente um ritual, mas a satisfação, se está estreitamente ligada à sexualidade infantil pré-genital, não tem a mesma especificidade erótica[28].

O autor se pergunta então se os TAs poderiam ser considerados uma perversão, particularmente feminina.

A partir de minhas investigações teóricas e da experiência clínica não me sinto à vontade para enquadrar todos os pacientes com TAs numa estrutura única, particular, devido à diversidade psicopatológica desses quadros clínicos. Acredito que os episódios de CA apresentam-se como manifestações sintomáticas de etiologia complexa e componentes aditivos. Apesar da CA manifestar-se nas mais diversas estruturas, o que me parece realmente relevante seria pensar no arcaico, nas fases mais primitivas da libido e nas relações objetais, ou seja, em conflitos caracterizados por falhas nas bases de constituição da subjetividade.

Após essa pequena reflexão a respeito das estruturas nosográficas podemos voltar à questão das adições. Gostaria de começar lembrando por que McDougall[29] escolhe a palavra "adição" para substituir o termo equivalente francês "toxicomania". Segundo a autora, o termo "adição" refere-se a um estado de escravidão, portanto a uma luta desigual do sujeito com parte de si mesmo. Já 'toxicomania' sugere, etimologicamente, que o sujeito procura causar mal a si mesmo, envenenar-se pela busca insistente de uma substância tóxica, e essa não seria a meta do sujeito que é escravo de seu objeto. Pelo contrário, o objeto de adição é investido de qualidades benéficas; trata-se de um objeto de prazer utilizado para atenuar estados afetivos intoleráveis. É

---

[28] JEAMMET, P. Desregulações narcísicas. In: BRUSSET, B.; COUVREUR, C.; FINE, A. *A Bulimia*. São Paulo: Escuta, 2003. p. 93.
[29] McDOUGALL, J. Sobre a bulimia. In: BRUSSET, B., COUVREUR, C.; FINE, A. *A Bulimia*. São Paulo: Escuta, 2003.

somente em um segundo momento que esse mesmo objeto se torna persecutório.

Freud, já em 1895, nos *Estudos sobre a histeria*[30], relacionava os "acessos de fome devoradora" à neurose de angústia, como um sintoma possível dessa neurose, e em 1926, em "Inibição, sintoma e angústia"[31], retornou ao tema da CA como uma defesa frente à angústia de inanição. O tema das adições, entendido como compulsões substitutivas de pulsões sexuais reprimidas, foi abordado por Freud em 1897 em duas cartas (55 e 79)[32] escritas ao amigo Fliess. O beber compulsivo, foi trabalhado especificamente em "Inibição, sintoma e angústia " e no artigo "O humor"[33], de 1927. Neste último, Freud o considerou como uma defesa secundária à dor psíquica, em que o efeito anestesiante proporcionado pelo álcool ou outras drogas promoveria um benefício a mais diante do constrangimento da dor.

Karl Abraham[34], por meio de seus estudos sobre as fases pré-genitais do desenvolvimento, descreveu diversos casos clínicos de CA e foi um dos primeiros a apontar a semelhança entre certos tipos de adição, como a dependência de morfina e de álcool, com a CA. Definiu elementos significativos para a compreensão psicanalítica das adições, como a distinção entre a inclinação e o hábito por um lado e a compulsão patológica por outro. E afirmou que não é a quantidade de comida ingerida que caracteriza a compulsão, mas sim a forma como a pessoa se utiliza do alimento e principalmente a tolerância do sujeito em relação à abstinência temporária do objeto.

---

[30] FREUD, S. Estudos sobre a histeria. In: *Edição Standard Brasileira das Obras Psicológicas Completas*. Rio de Janeiro: Imago, 1895, v. II.
[31] Ibidem, 1926, v. XX.
[32] Ibidem, 1897, v. I.
[33] Ibidem, 1927, v. XXI.
[34] ABRAHAM, K. O primeiro estágio pré-genital da libido. In: ABRAHAM, K. *Teoria psicanalítica da libido:* sobre o caráter e o desenvolvimento da libido. Rio de Janeiro: Imago, 1970.

Melanie Klein, com sua teoria das relações objetais, apresenta a noção de seio como primeiro objeto de amor e satisfação. A vivência excessiva e fantástica de privação em relação ao seio da mãe é o motor da compulsão; a repetição que não encontra representação no psiquismo e assim repete tentando unir, ligar, simbolizar. A autora descreve a voracidade como "a ânsia impetuosa e insaciável, que excede aquilo que o sujeito necessita e o que o objeto é capaz e está disposto a dar. Inconscientemente, a voracidade visa, de forma primária, escavar completamente, sugar até deixar seco e devorar o seio; ou seja, seu objetivo é a introdução destrutiva"[35].

Em 1945, o primeiro autor a descrever a "adição sem droga" foi Otto Fenichel.[36] Ele demonstrou que os mesmos mecanismos e sintomas da adição podem ocorrer sem a presença de drogas, mas por meio da utilização de outros objetos externos, como é o caso da comida. Para esse autor, todos os impulsos mórbidos, assim como as adições com ou sem drogas, são tentativas infrutíferas de controlar a culpa, a depressão ou a angústia, por meio da ação[37].

Segundo McDougall[38], a vulnerabilidade egoica desses sujeitos é consequência do relativo fracasso das internalizações

---

[35] KLEIN, M. Inveja e gratidão. In: *Inveja e gratidão e outros trabalhos. Obras completas de Melanie Klein*, v. III. Rio de Janeiro: Imago, 2006. p. 212.

[36] FENICHEL, O. *Teoria psicanalítica das neuroses*. Rio de Janeiro: Livraria Atheneu, 1981.

[37] Atualmente o endocrinologista pediátrico da Universidade da Califórnia, Robert Lustig, afirmou em entrevista, que o açúcar deveria ser proibido para menores de 21 anos, assim como o álcool e o cigarro. Segundo ele, cigarro e álcool causam dependência e açúcar também. Seus estudos mostram similaridade entre a frutose e o álcool: ambos são metabolizados no fígado e o limite de toxicidade para ambos é de 50g por dia. Ainda segundo o autor, o consumo excessivo de frutose leva ao excesso de triglicérides no sangue, hipertensão, ganho de peso e resistência à insulina (uma das causas da diabetes tipo II). Segundo uma estatística divulgada pela Organização Mundial da Saúde, cada brasileiro ingeriu, em média, 59,2 quilos de açúcar em 2005. Nos Estados Unidos, foram 31,3 quilos. Mesmo levando em conta o açúcar de milho, comum nos Estados Unidos, o consumo americano fica em 52 quilos, ainda abaixo do brasileiro. Lustig explica que o açúcar certamente não é uma "toxina aguda" do tipo que as autoridades sanitárias regulam e cujos efeitos podem ser observados em poucos dias ou meses, mas sim "toxinas crônicas". Ou seja: ele não é tóxico depois de uma refeição, mas é tóxico depois de 1.000. Se quanto mais o indivíduo come açúcar, mais se sente impelido a comer, não vai demorar muito para chegar às 1.000 ingestões.

[38] McDOUGALL, J. *Teatro dos corpos*: o psicossoma em psicanálise. São Paulo: Martins Fontes, 2000.

precoces que asseguram as bases narcísicas suficientemente estáveis para garantir um sentimento de segurança e continuidade capazes de se manter, principalmente, graças aos recursos do próprio sujeito.

> Por trás de qualquer organização aditiva, encontramos a mãe arcaica, a mãe-droga, aquela que não pode ser internalizada de modo estável no mundo interno da criança. Esta falha fundamental corre o risco de produzir desastres psíquicos em cadeia. O sujeito incorre no perigo de ser obrigado a procurar sem descanso que um objeto do mundo externo desempenhe o papel do objeto interno faltante ou danificado, falta simbólica, mas também falta no imaginário, pois uma interdição implícita de fantasiar livremente está comprometida nessa problemática.[39]

Na adição, o objeto do desejo transforma-se em objeto de necessidade, pois no registro da necessidade aditiva ocorre uma diminuição do desejo em relação à necessidade, e do afeto em relação à sensação.

Ainda segundo McDougall, a economia aditiva encontra suas origens nas primeiras interações entre a mãe e o bebê, o que compreende por tabela a relação da mãe com o pai da criança. A problemática não é tanto a da castração, mas sim a da angústia de perder o objeto primário. Quando essa angústia não é transformada pela introjeção do objeto perdido em objeto interno (o que abre caminho para a identificação que permite ao sujeito ser pai e mãe para si próprio), haverá em seu lugar essa busca insaciável e ilusória no mundo externo, para encontrar o objeto ausente.

Na CA, o destino da pulsão está aquém da possibilidade de construção representativa, o que denuncia o empobrecimento do funcionamento psíquico e a exacerbação de uma ação compulsiva. Pode-se assim constatar que a compulsão apresenta ora

---
[39] Idem, p. 103.

um esforço de contenção da força pulsional, ora um extravasamento acelerado da pulsão, numa tentativa de escoamento da pressão que ela exerce.

Freud[40] já salientava que o trabalho bem sucedido do aparelho psíquico resulta na transformação da energia livremente móvel em energia vinculada; ao desempenhá-lo, obedece ao princípio do prazer, produzindo uma diminuição da pressão das excitações. Essa é justamente a meta impossível de se alcançar quando o escoamento ou o represamento da pulsão resultam de outros encaminhamentos que não o da vinculação e da produção de uma representação psíquica. Os destinos pulsionais dos compulsivos são menos competentes para desempenhar a tarefa de dar um destino às pressões que incidem sobre o aparelho psíquico.

A ação compulsiva repetida liga-se à busca imperativa de determinado objeto, nesse caso a comida, vivido como agente exclusivo do alívio. O aparelho psíquico mostra-se mais como sofredor passivo da pressão das forças pulsionais do que como agente ativo de seu encaminhamento na busca de satisfação, ou pelo menos de contenção.

Seguindo a linha de pensamento proposta na presente pesquisa, o comportamento aditivo em relação à comida teria suas raízes nas falhas decorrentes da introjeção canibal e inapropriada da função materna (objeto interno danificado). A comida representa nesses casos o único objeto externo capaz de oferecer um alívio ao sujeito, mesmo que seja um alívio temporário e inadequado.

A partir dessa falha na introjeção do objeto primário como objeto interno, ou como objeto introjetado capaz de representar uma função materna adequada, o objeto de prazer potencial transforma-se em objeto de necessidade.

---

[40] FREUD, S. Além do princípio do prazer. In: *Edição Standard Brasileira das Obras Psicológicas Completas de Sigmund Freud*. v. 18. Rio de Janeiro: Imago, 1996.

Apesar da carência precoce na organização psíquica, é preciso chamar atenção para o fato de que muitas vezes essa forte fragilidade de uma parte da personalidade não impede um bom funcionamento de outros setores da atividade do ego. Pode ser que essa falha precoce seja parcial, ligada apenas a certos impulsos pulsionais e não a outros.

McDougall salienta a extensão dos comportamentos aditivos nas pessoas de um modo geral e afirma que diante de acontecimentos externos ou tensões internas que superam nossa capacidade habitual de elaborar os conflitos, todos nós tendemos a comer, beber ou fumar mais do que de costume e isso não assume necessariamente a forma de uma alienação. Para a autora o comportamento aditivo faz parte da vida cotidiana, constituindo-se em um problema apenas quando passa a ser a única solução disponível para lidar com a dor psíquica; é nessa exclusividade que residiria seu aspecto impulsivo patológico.

4. Imagem corporal

É comum os pacientes com TA's apresentarem perturbações na percepção do próprio corpo, de suas sensações, formas e contorno. Uma parte importante e difícil do tratamento desses pacientes se refere exatamente aos problemas com a imagem do corpo. Na minha prática clínica costumo trabalhar as questões referentes a imagem corporal a partir de quatro pontos que separei da seguinte forma: 1- Insatisfação com a imagem corporal; 2- Idealização da magreza; 3- Interpretação dos sinais corporais; 4- Distorção da imagem corporal.

A insatisfação com a imagem corporal é extremamente comum e até mesmo estimulada socialmente. Diante de um padrão de beleza rígido e inatingível para o biotipo da maioria da população é natural que essa insatisfação se propague entre pessoas com e sem TA. Logicamente, existe todo um mercado de produtos, procedimentos e serviços que enriquece as custas das impossibilidades que ele mesmo cria.

A idealização da magreza também entra nessa realidade social (como vimos no primeiro capítulo), todavia existem pessoas que se influenciam mais do que outros por esse ideal de beleza construído socialmente. A intensidade da idealização da magreza pode ser um indicador para nos ajudar a identificar a gravidade do quadro de cada paciente.

As dificuldades de interpretar os sinais corporais abrangem desde inabilidades na percepção das sensações corporais, dos estímulos vindos do interior e do exterior, e a discriminação entre o dentro e o fora, como por exemplo: a impossibilidade de perceber quando se está com fome, ou quando já se está satisfeito.

E por último, mas não menos importante, a distorção da imagem corporal propriamente dita que leva o sujeito a ver e/ou sentir seu corpo de uma forma diferente da realidade. Essa distorção também pode aparecer com intensidades diferentes, podendo chegar, em última instância, a um quadro delirante. Assim como a idealização da magreza, a severidade da distorção da imagem corporal também está diretamente relacionada com a gravidade do TA.

Para trabalhar com TA's é muito importante entender o que é imagem corporal, como surgiu e se desenvolveu esse conceito. Por volta de 1930, Paul Schilder[41] definiu a imagem corporal como a figura que se forma para o sujeito no interior de seu aparelho psíquico, com o tamanho e a forma do seu próprio corpo e os sentimentos suscitados a partir dele. O autor chamou de 'esquema corporal' a visão do corpo como um todo, juntamente com a percepção das sensações experimentadas nesse todo ou em partes dele.

---

[41] SCHILDER, P. *A imagem do corpo:* as energias construtivas da psiquê. São Paulo: Martins Fontes, 1981.

O esquema corporal associa-se à imagem corporal, que é tridimensional, singular e variável. Varia tanto de um sujeito para o outro quanto ao longo da vida de um mesmo sujeito. Na imagem corporal integram-se informações visuais e táteis que vêm do exterior do sujeito, a percepção e interpretação de estímulos provenientes do interior do corpo, e ainda a experiência subjetiva com o próprio corpo.

A imagem corporal inclui a percepção e a avaliação que o sujeito faz de seu próprio corpo, e na construção dessa imagem estão envolvidos não apenas as dimensões anatômicas e fisiológicas, mas também as dimensões libidinais. Ainda segundo Schilder, as oscilações e perturbações da imagem corporal estariam intimamente relacionadas aos movimentos da economia libidinal.

A psicanalista Francoise Dolto, também diferencia esquema corporal de imagem inconsciente do corpo. O esquema corporal é o identificador do indivíduo como representante da espécie, apresentando-se mais ou menos idêntico em todas as crianças da mesma idade. É o esteio e o intérprete da imagem corpórea. A imagem corporal inconsciente, por outro lado, é individual e singular, já que advém da história pessoal e da relação libidinal marcada por sensações erógenas vividas no encontro com o objeto. Nas palavras da autora, "a imagem do corpo é aquilo em que se inscrevem as experiências relacionais da necessidade e do desejo"[42]. Em outras palavras, sem um mediador humano, a experiência corporal sensorial institui apenas uma cartografia anatômica ou um esquema corporal; não estrutura, no entanto, a imagem psíquica do corpo enquanto cartografia do desejo.

Em geral, as mudanças pelas quais o corpo passa ao longo da vida, seja com a chegada da puberdade, com a gravidez ou o ganho/perda de peso significativo, são mais rápidas que a nossa

---
[42] DOLTO, 1984, p. 23.

possibilidade psíquica de adequá-las à imagem corporal. Sendo assim, é comum observarmos que alguém que perdeu ou ganhou muito peso, quando vai comprar uma roupa nova costuma pegar o número que usava antes, outros relatam certo estranhamento quando se veem em fotografias. É preciso um certo tempo para adaptar às novas dimensões do corpo a imagem corporal.

Apesar dos distúrbios da imagem corporal serem frequentemente associados a pacientes com anorexia nervosa, que se percebem gordos mesmo estando muito abaixo do peso, essas distorções acontecem também com pessoas que apresentam peso normal e pessoas obesas. Durante as entrevistas que realizei com pacientes obesos no período preparatório para cirurgia bariátrica, escutei muitas vezes o relato de sujeitos que só perceberam que estavam obesos depois de se verem em fotos, ou depois de não conseguirem mais encontrar roupas do seu tamanho para comprar, ou então depois de passarem por situações constrangedoras relacionadas ao excesso de peso, como não conseguir passar na catraca do ônibus. Esses pacientes relatavam que sabiam que estavam acima do peso, todavia antes desses acontecimentos a obesidade não era experienciada como realidade para eles. Outros pacientes, que apresentavam apenas um ligeiro sobrepeso, percebiam-se obesos mórbidos e mesmo não apresentando o peso mínimo para a realização da cirurgia bariátrica, insistiam na necessidade de ser operados para emagrecer.

Pacientes com TA's em geral possuem muita dificuldade de lidar com a imagem corporal, a maioria deles desenvolve técnicas de checagem para certificarem-se de suas medidas corpóreas, alguns se olham no espelho obsessivamente, outros não acreditam na imagem refletida no espelho e precisam se pesar várias vezes por dia, em outros casos são utilizadas peças de roupa para verificar se engordaram (ex.: uma paciente tinha uma calça jeans desde a pré-adolescencia que era usada como referência, se ela ficasse apertada ela tinha engordado, se ficasse larga estava magra). Checar, apalpar e/ou contar os ossos da bacia, clavícula e costelas também é bastante comum, eles devem estar aparentes e senti-los lhes conforta e apazigua suas dúvidas. Há também aqueles pacientes que perguntam insistentemente, para todos a sua volta, se engordaram ou emagreceram, buscando respostas para suas incertezas, além daqueles que comparam seus corpos com o de outras pessoas de forma obsessiva.

Quando a autoestima e auto-avaliação estão totalmente vinculadas a sua aparência e ao seu peso corporal, a imagem e as medidas corporais passam a ser supervalorizadas e hiperinvestidas. O problema é que a imagem corporal vai muito além da imagem real refletida no espelho ou do ponteiro da balança, estamos falando de um fenômeno psíquico complexo que transcende a percepção física.

Le Boulch[43] faz uma colocação simples, mas que pode ser de grande relevância para a compreensão desses pacientes. Afirma que a capacidade de percepção visual do próprio corpo não deve ser considerada como sinônimo da imagem corporal; a percepção da imagem corporal é sobretudo da ordem do sentir. Vale ressaltar que o conceito de imagem corporal refere-se à maneira como o sujeito concebe e percebe subjetivamente a si mesmo, e não à sua capacidade de percepção visual.

Outra dificuldade relatada constantemente pelos pacientes na clínica é a inabilidade em discernir a fome dos outros sentimentos e sensações. Frequentemente, relatam que associam a fome com a tristeza, o medo, a indecisão ou até mesmo com a alegria e o entusiasmo, não conseguindo vivenciar essas emoções sem sentir necessidade de comer. Em outros casos o estômago precisa estar roncando ou a pressão precisa baixar para que

---

[43] LE BOULCH. A Importância da Educação Psicomotora na Escola Primária. In: LE BOULCH. *Educação Psicomotora:* a psicocinética na idade escolar. Porto Alegre: Artes Médicas, 1988.

eles percebam que não comeram nada o dia todo e estão com fome. O mesmo funcionamento é valido para a saciedade, que na maioria das vezes só é experimentada na forma de empanturramento ou mal-estar físico. Essas dificuldades na percepção dos sentimentos, das sensações corporais e dos estímulos vindos do interior são bastante comuns nos pacientes com CA.

Françoise Dolto[44], se propôs pensar a questão da imagem corporal, ampliando essa noção e dando ênfase ao seu aspecto inconsciente; a psicanalista afirmou que a imagem inconsciente do corpo vai se moldando ao longo do tempo, desde as etapas mais precoces do desenvolvimento infantil.

Seria uma espécie de elaboração de sensações e emoções precoces experimentadas na relação intersubjetiva com as figuras parentais. Um verdadeiro substrato relacional que fica marcado no corpo e passa a ser o lugar de uma comunicação precoce. A autora nos apresenta a ideia de que a imagem inconsciente do corpo apoia-se no outro e forma-se como referência intuitiva do desejo do outro, que se ordena corporalmente no sentir, no dizer e no corpo da mãe.

Melanie Klein deu grande valor às sensações corporais e sua participação na formação do tecido da fantasia. Para ela, a fantasia era a configuração psíquica das mais arcaicas sensações e sentimentos, lugar no qual se constitui a mais profunda imagem inconsciente do corpo. No pensamento kleiniano a fantasia inconsciente representa, entre outras coisas, o mundo das sensações, sentimentos e imagens da época pré-verbal, aspectos importantes da dimensão do irrepresentável e do inominável no psiquismo.

Como já foi dito anteriormente (no tópico posição depressiva e clivagem maníaco-depressiva), as primeiras fantasias são vivenciadas tanto como fenômenos somáticos quanto mentais. A

---

[44] DOLTO, F. *A imagem inconsciente do corpo*. São Paulo: Perspectiva, 2004.

forma como os pacientes com TA's vivenciam o corpo remete a essa época em que fantasias e instintos não eram discriminados. Ao longo do desenvolvimento espera-se que as fantasias primitivas sejam alteradas pelo contato com a realidade e pelo crescimento maturacional, porém nos pacientes com CA parece que as camadas primitivas de fantasias inconscientes permanecem muito ativas.

Winnicott, ao salientar a importância da relação precoce mãe-bebê, colocou em primeiro plano as vicissitudes da função alimentar no exercício da função materna. Ele afirma que a relação do bebê com o mundo depende da mãe suficientemente boa, que no exercício de suas funções possibilita gradualmente ao bebê a construção das categorias de tempo e espaço em um processo denominado de integração. O autor assinala que, na apreciação da função oral, primeiro ocorre o reconhecimento da pulsão oral e em seguida surge a fantasia oral que posteriormente irá ligar-se ao mundo interno do bebê. A esse respeito, Winnicott afirma:

> O indivíduo tende a colocar os acontecimentos da fantasia no seu interior e identificá-los com as coisas que ocorrem dentro do corpo [...] Nenhum caso de cólica infantil, de vômito ou diarreia, de anorexia ou constipação, pode ser completamente explicado sem referência às fantasias conscientes e inconscientes da criança acerca do interior do corpo[45].

Winnicott também fala sobre o oposto da integração como uma "deficiência de integração, ou uma desintegração, a partir de um estado de integração". Ainda segundo o autor, trata-se de uma das mais temíveis ansiedades básicas da infância,

> [...] evitada através dos cuidados do tipo que comumente quase todos os bebês recebem de um ser humano adulto.

---
[45] WINNICOTT, D. W. *Da pediatria à psicanálise*. Rio de Janeiro: Imago, 2000. p. 113.

> [...] a integração soma-psique não pode acontecer sem a participação ativa de um ser humano que segure o bebê e cuide dele. Um colapso nesta área tem a ver com todas as dificuldades que afetam a saúde do corpo, que realmente se originam na indefinição da estrutura da personalidade[46].

A distinção entre o dentro e o fora é uma conquista a partir do contato com a mãe, seu corpo, sua voz e seu olhar.

Segundo Winnicott, integrar-se significa a reunião de fatores psíquicos e somáticos das experiências subjetivas que incluem a noção de espaço e tempo. Depois da integração, a fase seguinte é a personalização, ou seja, a integração psicossomática. Dessa forma, a criança tem um dentro e um fora e um esquema corporal. Só assim têm sentido para a criança as funções de incorporar e expulsar, pois ela pode reconhecer a realidade psíquica.

O processo de integração está relacionado com o *holding*, melhor dizendo, o bebê só consegue integrar-se a partir do *holding* materno. Cabe à mãe dar continência, ou seja, cuidar do bebê, frente a um meio externo que pode oferecer situações traumáticas, conter seus impulsos e suprir suas necessidades. Já o processo de personalização está relacionado ao *handling*, que significa a manipulação e assistência corporal. Sem essa manipulação externa favorável, torna-se muito complicado para o bebê executar a tarefa interna de instaurar o desenvolvimento sadio de uma interrelação entre o psíquico e o somático. Vivenciar esses processos iniciais de forma suficientemente boa garantirá ao sujeito a possibilidade de transitar de maneira saudável pelos processos seguintes.

Na psicanálise, o corpo e o ego são inseparáveis, desenvolvem-se juntos, não sendo possível haver um ego sem que haja uma noção corporal. O primeiro tempo do investimento libidinal

---

[46] WINNICOTT, D.W. *Os bebês e suas mães*. São Paulo: Martins Fontes, 1999. p. 9.

é realizado pela mãe a partir dos cuidados que garante ao corpo de seu bebê. No início da vida do bebê, são as sensações corporais que ocupam o primeiro plano. As que produzem desprazer vão constituir uma demanda; assim, quando o bebê chora, está à sua maneira expressando uma queixa. É a mãe que responde a esse apelo, apaziguando as sensações corporais desagradáveis. Para que ela possa escutar o corpo do bebê e interpretar seus sinais, precisa dar provas de uma capacidade de investir libidinalmente o corpo do bebê, sem faltar nem se exceder.

Esse investimento vem naturalmente assinalar a importância da mãe na constituição dos processos de simbolização da criança. Ela será responsável por transformar o "corpo de sensações" do bebê em um "corpo falado"; é a partir dessa escuta e interpretação da mãe que o bebê vai construindo a imagem de seu corpo. Se a mãe não consegue perceber as necessidades do bebê, ela interpretará seus apelos segundo suas próprias necessidades, criando uma situação de impotência e dependência para a criança. Esse trabalho de interpretação do corpo do bebê encontra-se na origem da relação do sujeito com o desejo e o prazer.

A relação da mãe com seu próprio corpo também é fundamental nesse primeiro momento, ou seja, a existência, em relação aos pais, de um prazer situado além dos prazeres parciais e da sexualidade infantil conduzirá a criança a sua própria busca de prazer. Mas essa busca só será possível se, pelo investimento que a mãe realiza no corpo do seu filho, ela puder conferir-lhe a possibilidade de experimentar um corpo unificado e a promessa de prazer.

Maria Helena Fernandes afirma que mesmo antes da constituição de um corpo unificado, a mãe está implicada nos três momentos fundamentais da constituição do autoerotismo. São eles: a) o prazer que a mãe experimenta com seu próprio corpo; b) o prazer que a criança experimenta em relação ao próprio corpo;

c) o prazer sentido pela criança na relação com o corpo do outro. Para a autora, se esses momentos não são promovidos pela mãe, a organização libidinal autoerótica não pode estabelecer-se e a experiência do corpo fica ancorada no registro da necessidade, ao invés de alcançar o registro do prazer.

A mãe que no exercício de sua função materna permitir ao bebê a construção gradativa das categorias de tempo e espaço, as distinções entre dentro e fora, vazio e cheio, presença e ausência, irá proporcionar o equilíbrio narcísico do sujeito.

Outro autor que contribuiu significativamente para o entendimento desse tema foi o psicanalista francês Jacques Lacan, com o conceito de estágio do espelho. Esse conceito assinala o momento fundamental da constituição do primeiro esboço de ego. A criança, a partir de seis meses de idade, percebe na imagem do semelhante ou na sua própria imagem no espelho, uma gestalt, uma unidade corporal que lhe falta e com a qual se identifica, ou seja, abandona uma imagem fragmentada e assume essa imagem unificada.

Há no estágio do espelho uma reciprocidade imaginária: ver–ser visto, passivo–ativo. O sujeito vive essas relações de um modo que implica sua identificação com o outro. Como aponta Lacan, "a identificação com o objeto está no fundo de toda relação com este"[47].

O Estágio do Espelho de Lacan, apesar do nome, não corresponde necessariamente à experiência concreta da criança frente ao espelho. O que o autor assinala é um tipo de relação da criança com seu semelhante por meio da qual ela constitui uma demarcação da totalidade de seu corpo. Essa experiência pode se dar tanto diante do espelho como diante de outra pessoa. O que a criança tem devolvido pelo espelho ou pela mãe é uma gestalt

---

[47] LACAN, J. O estágio do espelho como formador da função do eu. In: LACAN, J. *Escritos*. Rio de Janeiro: Zahar. 1998, p. 65.

cuja função primeira é ser estruturante do sujeito, mas ainda no nível imaginário. A vivência do corpo fragmentado cede lugar a uma primeira totalização do ego por um processo de identificação com o outro.

Para que o ego constitua-se numa imagem tanto corporal como psíquica, é necessário um investimento libidinal sobre a criança vindo dos pais. Esse investimento, ao qual a criança é submetida, precisa do tempo do desmame, da perda do objeto, para se organizar de forma narcísica. Contudo, a constituição do corpo narcísico totalizado não apaga o corpo autoerótico que o precede, domínio das pulsões sexuais parciais.

Em outras palavras, ao conceituar o estágio do espelho, Lacan elucida a assunção da imagem do corpo, que é contemporânea ao desmame, e faz valer a relação com o Outro na constituição da imagem. Ainda segundo Lacan, quando a criança se reconhece na imagem do espelho, esse ato traz-lhe júbilo; ela é cativada pela imagem, como uma tentativa de superar sua condição de dependência frente à impotência motora. Lacan nos diz que esse júbilo indica a matriz simbólica na qual o eu-corpo se constitui, prefigurando sua destinação alienante na imagem do Outro materno, que vem confirmar a imagem da criança no espelho. Assim, é pelo olhar do Outro que a criança é convocada a reconhecer seu corpo como imagem, e esse olhar vai constituir a maneira pela qual o sujeito se vê e que poderá torná-lo desejante, configurando sua entrada na dimensão simbólica, a partir da inscrição de uma falta, atestada pela separação.

É oportuno citar a respeito disso Piera Aulagnier[48] que trabalha com a representação que a mãe faz do corpo do bebê, que recebe depois de ter esperado por nove meses. Esse encontro vai exigir uma reorganização de sua própria economia psíquica, que deverá ser estendida ao corpo que ela recebeu.

---

[48] AULAGNIER, Piera. Nacimiento de un cuerpo, origen de una historia. In: HORSTEIN, Luis. *Cuerpo, História, Interpretación*. Buenos Aires: Paidós, 1994.

Segundo a autora, as manifestações corporais do bebê – seu choro, seu sorriso, sua forma de alimentar-se etc. – produzirão emoções e reações na mãe, que em contrapartida também vai manifestar corporalmente emoções para o bebê. A relação da mãe com o bebê diz respeito ao prazer ou desprazer que ela sente em estar em contato com o corpo dele.

A visão do corpo de seu filho, a amamentação e o toque são, ou deveriam ser, para ela, fontes de um prazer do qual seu próprio corpo participa e faz seu bebê participar. Esse prazer ou desprazer corporal materno transmite-se de corpo a corpo; ou seja, "o contato do corpo emocionado da mãe com o corpo emocionado do bebê"[49] vai aos poucos constituindo a vida psíquica deste. Uma mãe que alimenta seu bebê com prazer ou não, ou mesmo com indiferença, irá afetá-lo de forma marcante.

Para Aulagnier, as primeiras representações criadas pela mãe sobre o corpo do bebê compreenderão um modo de relação que poderá fazer com que a expressão de uma necessidade passe para a formulação de uma demanda de amor e prazer, que transformará os sofrimentos corporais do bebê em um sofrimento vinculado a uma relação que une mãe e filho. O que a mãe percebe nas expressões e posturas corporais de seu filho – seu sono, seu estado de relaxamento ou de ansiedade, seu sofrimento, seu crescer, seu alimentar-se, seu balbuciar e seus silêncios – será decodificado e transmitido ao filho, constituindo, assim, sua imagem corporal a partir de uma relação singular.

A autora diz também que a percepção materna estará marcada por sua relação com o pai do bebê, por sua própria história infantil, pelas consequências de sua atividade de repressão e sublimação, pelos seus sentimentos inconscientes de culpa; um conjunto de fatores que determina, de maneira singular, o modo de viver o investimento materno com relação ao bebê.

---

[49] Idem, p. 117.

Não posso deixar de acrescentar aqui um pequeno comentário de Hornbacher, em que faz uma ligação entre sua relação com a comida, o período de sua amamentação e os hábitos alimentares maternos:

> Eu nunca fui normal em relação à comida, mesmo quando bebê. Minha mãe não conseguiu me amamentar no peito porque sentia como se estivesse sendo devorada [...] Suspeito que não deva ter sido normal em relação à comida já dentro do útero; os hábitos alimentares da minha mãe beiram o bizarro[50].

A partir do que foi visto, pode-se afirmar que os dizeres da mãe, as fantasias da mãe diante do corpo do recém-nascido, a decodificação das necessidades do filho que serão transformadas em demanda de amor, tudo isso é transmitido ao filho na fase dual imaginária e constrói aos poucos a imagem corporal. Faz-se importante ressaltar que a imagem corporal é um processo contínuo e ininterrupto que se inicia precocemente, sempre amparado em uma base relacional a partir do contato com o outro.

A respeito dos transtornos que se manifestam por meio do corpo, Volich[51] afirma que:

> Muitas vezes, diante do sofrimento e da perda, entre o vazio e a palavra, o corpo se vê convocado. [...] Inscrevem-se ali prazeres, os encontros felizes e gratificantes, mas também as dores, as perdas, as separações, mais difíceis de serem compartilhadas. Entre o real e o imaginário, inclina-se muitas vezes o corpo à exigência de conter o sofrimento indizível, de suportar a dor impossível de ser representada.

Para quem sofre de um TA, o corpo passa a ser o represen-

---

[50] HORNBACHER, M. op. cit., p. 19.
[51] VOLICH, R. M. *Hipocondria:* impasses da alma, desafio do corpo. São Paulo: Casa do Psicólogo, 2002, p. 227.

tante das emoções e o registro mais fiel dos acontecimentos que não encontram representação simbólica. Um registro que só a própria pessoa pode decifrar e que para os outros apresenta-se apenas como um vislumbre. Maria Ramalho Miranda[52] afirma que esses pacientes expõem um corpo sem pele psíquica; um corpo carente de fronteiras, no qual não há divisões que limitem e diferenciem o que pertence ao interno e o que está no exterior. Sujeito e objeto misturam-se e não há mais possibilidade de destacar as singularidades de cada um.

A imagem corporal nesses pacientes é um ponto de fixação importante; nela encontra-se ao mesmo tempo a falha da função de espelho da mãe e, consequentemente, uma busca da imagem ideal. A imagem de si, e o que ela supõe de busca do olhar do outro, ocupa uma posição central na regulação desses sujeitos. Esse é um dos aspectos dos TA's mais difíceis de se trabalhar na clínica, por isso a investigação das questões com a imagem corporal são uma referência para se entender o grau de gravidade da patologia alimentar. Ou seja, quanto mais intensa for a insatisfação com a imagem corporal, a idealização da magreza, a dificuldade de decodificar os sinais internos e externos, e principalmente a distorção da imagem corporal mais grave será o quadro psicopatológico.

Chegamos ao final desse capítulo, no qual fizemos um recorte teórico visando desenvolver algumas ideias relativas ao desdobramento do que chamei de introjeção canibal do primeiro objeto de amor, que representa as falhas nas fases mais precoces da relação mãe-bebê. A clivagem do ego, as dificuldades em lidar com a perda do objeto amado, a representação simbólica comprometida e a precariedade das funções estimulante e de continência da pulsão seriam consequências desse desenvolvimento psíquico

---

[52] MIRANDA, M. R. A representação simbólica nas perturbações alimentares à luz da complexidade da relação mãe-filha. In: GONZAGA, A. P.; WEINBERG, C. *Psicanálise de transtornos alimentares*. São Paulo: Primavera, 2010.

comprometido em seu período mais arcaico. Na CA, todos esses processos estão envolvidos em menor ou maior proporção, de acordo com as singularidades de cada caso. Além disso, apresentamos o caráter aditivo da CA e abordamos a imagem corporal e suas peculiaridades dentro do contexto dos TA's.

CAPÍTULO IV

A CLÍNICA DOS TRANSTORNOS ALIMENTARES

Uma Criatura
Sei de uma criatura antiga e formidável,
Que a si mesma devora os membros e as entranhas,
Com a sofreguidão da fome insaciável.
Habita juntamente os vales e as montanhas;
E no mar, que se rasga, à maneira do abismo,
Espreguiça-se toda em convulsões estranhas.
Traz impresso na fronte o obscuro despotismo;
Cada olhar que despede, acerbo e mavioso,
Parece uma expansão de amor e egoísmo.
Friamente contempla o desespero e o gozo,
Gosta do colibri, como gosta do verme,
E cinge ao coração o belo e o monstruoso.
[...]
(Machado de Assis)

Neste capítulo, pretendo apresentar alguns questões frequêntes da clínica dos TA's, para a partir delas refletir sobre a teoria apresentada nos capítulos anteriores. Dessa forma tentarei expor simplificadamente algumas considerações clínicas referentes a esses atendimentos específicos.

Concentrei minha atenção em algumas partes significativas das análises e entrevistas com os pacientes que sofrem de TA, para tanto procurei em meu relato resgatar o primeiro contato com a sua dor, os sofrimentos experimentados no corpo e o desejo transformado em necessidade, tentando dar sentido e contorno simbólico a essas vivências tão concretamente marcadas pela alimentação e o corpo.

1. Primeiros contatos

Os pacientes com CA costumam apresentar uma relação concomitante entre a forma da conduta compulsiva, a natureza da relação de objeto e as características de seu funcionamento mental. As crises compulsivas podem ficar por muito tempo escondidas do conhecimento daqueles que os cercam. No entanto, eles parecem manter com as pessoas uma relação análoga à ligação que mantêm com o alimento, marcada pela mesma avidez, intensidade e rejeição. Esses sujeitos, dentro de suas diversidades e singularidades, direcionam nosso olhar para o descontrole alimentar e a idealização do corpo magro. Cada um deles traçou um caminho particular para si mesmo, mas todos pararam diante desse mesmo obstáculo.

Nos casos em que o próprio paciente procura tratamento, pode-se perceber que o sofrimento referente à doença já atingiu o limite do suportável. Os pacientes com CA (e os com TA de um modo geral) costumam conviver com o problema durante anos antes de procurar ajuda. Aqueles que utilizam algum tipo de método compensatório muitas vezes apresentam sobrepeso ou até mesmo o peso apropriado para sua altura, mas referem grande dificuldade de manter um peso estável. Os que não desenvolvem nenhum comportamento compensatório costumam apresentar sobrepeso ou obesidade. Estou apontando a questão do peso, pois a grande maioria desses pacientes procura tratamento médico para emagrecer, entretanto frequentemente não mencionam a presença da CA ou fazem qualquer referência a um TA.

Em alguns casos o sujeito não associa seu comportamento alimentar disfuncional com um transtorno alimentar, talvez pelos estereótipos sociais vinculados a esses transtornos, como a figura de meninas cadavericamente magras ou a ideia de que todas as pessoas com TA vomitam. Como vimos no segundo capítulo, os

TA's são muito mais abrangentes que esses rótulos estereotipados. Em outros casos, encontramos o movimento contrário, todo e qualquer desvio alimentar e do peso é relatado como uma CA ou um sintoma de TA, isso pode ser uma consequência da rigidez nos parâmetros do que vem sendo chamado de alimentação saudável.

Aproveito essa deixa para apresentar a excelente definição do Ministério da Saúde sobre o que é alimentação saudável:

> Uma alimentação saudável é aquela que atende todas as exigências do corpo, ou seja, não está abaixo nem acima das necessidades do nosso organismo. Além de ser a fonte de nutrientes, a alimentação envolve diferentes aspectos, como valores culturais, sociais, afetivos e sensoriais. As pessoas, diferentemente dos demais seres vivos, ao alimentar-se não buscam apenas suprir as suas necessidades orgânicas de nutrientes. Não se "alimentam" de nutrientes, mas de alimentos palpáveis, com cheiro, cor, textura e sabor, portanto, o alimento como fonte de prazer e identidade cultural e familiar também é uma abordagem importante para promover a saúde por meio da alimentação.

Voltando as questões referentes ao início do tratamento e os primeiros contatos com o paciente, vemos em muitos casos que existe um primeiro momento da doença, no qual o ganho de peso ainda não é significativo, os episódios de compulsão são pouco frequentes e os pacientes ainda acreditam ter algum controle sobre o comportamento alimentar. Esse momento poderia ser descrito como uma fase de "lua de mel" com a doença, essa mesma fase foi observado nos adictos pelo pesquisador C. Olievenstein[1]. Porém, com o passar do tempo, essa fase dá lugar a outra, na qual prevalecem os sentimentos de vergonha, autodepreciação e culpa.

Os pacientes que chegam ao tratamento levados pela família, ou melhor dizendo involuntariamente, costumam estar

---
[1] OLIEVENSTEIN, C. *A Clínica do Toxicômano*. Porto Alegre: Artes Médicas, 1990.

nesse primeiro momento de "lua de mel": não se sentem doentes, acreditam que têm algum controle sobre a situação e, principalmente, não querem interromper o comportamento compulsivo. Além disso, no caso dos bulímicos, existe um medo intenso de engordar e um apego excessivo aos métodos compensatórios. Nesses casos específicos, existe a ilusão por parte do bulímico de ter encontrado uma fórmula mágica, que lhe permite ter tudo sem perder nada, ou seja, poder comer tudo que quiser, em grande quantidade, sem engordar. No entanto, geralmente essa ilusão não se sustenta e a dura realidade dos TA's prevalece.

Nesse primeiro momento, muitas vezes, as compulsões são planejadas cuidadosamente e com grande júbilo pelo paciente. Amiúde o sujeito começa uma dieta muito rígida, cheia de restrições e quando come algo que não é permitido dentro da dieta decide "chutar o balde", o que pode acabar desencadeando uma compulsão, o pensamento seria mais ou menos assim: "Já sai da dieta comendo um bombom, agora vou aproveitar para comer a caixa toda, pois amanhã eu recomeço uma dieta ainda mais rígida e restritiva".

Outra atitude comum nessa fase ocorre quando o sujeito decide, antes mesmo de ter a compulsão, que vai utilizar o método compensatório. Essa decisão vem acompanhada da sensação de estar se autorizando ter uma compulsão sem culpa, por exemplo: "Já que eu vou vomitar (ou tomar laxante, ou me exercitar extenuantemente, ou fazer jejum etc.) posso comer tudo que quiser sem precisar me preocupar com as consequências."

Os pacientes que iniciam tratamento nesse período de "lua de mel" geralmente são relutantes, demandando paciência por parte do psicólogo para conseguir criar uma aliança terapêutica. Sentimentos de insegurança, impotência e medo muitas vezes alimentam fantasias em relação ao tratamento e a equipe multidisciplinar que levam o paciente a rechaçar o problema e a ajuda. Por isso, é importante, explicar tanto para o paciente quanto para família todas as fases do tratamento, seus objetivos, o que se espera de cada especialista da equipe, e a fundamental importância da participação ativa do paciente e da família ao longo do processo.

Quando comecei a fazer estágio no setor de psiquiatria da Santa Casa de Misericórdia do Rio de Janeiro, no núcleo de transtornos alimentares e obesidade, ainda estudante de psicologia e quase sem experiência clínica, uma das primeiras coisas que os profissionais mais experientes ensinavam aos estagiários eram algumas táticas para não se deixar enganar pelos pacientes relutantes ao tratamento. As bulímicas quase nunca admitiam os vômitos autoinduzidos, por isso era importante reparar se as glândulas parótidas estavam inchadas — essas glândulas ficam na parte inferior das bochechas e quando estão inchadas fazem os pacientes ficarem com o rosto arredondado ou "rosto de esquilo". Outra observação recorrente, diz respeito ao sinal de Russel, um calo ou ferida nos dedos ou no dorso das mãos, causado pelo atrito dos dentes no ato de provocar o vômito enfiando a mão na garganta.

O inchaço é muito frequente nos pacientes que utilizam métodos compensatórios, e faz com que eles achem que engordaram, isso gera um ciclo vicioso, ou seja, quanto mais eles se sentem gordos mais utilizam os métodos compensatórios inadequados e mais inchados acabam ficando, dessa forma se sentem ainda mais gordos... estabelecendo um ciclo muito difícil de interromper. Outra consequência da utilização de vômitos, laxantes e diuréticos é o desequilíbrio eletrolítico, os eletrólitos são minerais essenciais em nosso corpo que são necessários para a função nervosa e muscular, o equilíbrio dos líquidos, e outros processos fundamentais no nosso organismo. O desequilíbrio eletrolítico pode gerar uma seria de complicações desde simples câimbras até, nos casos mais graves, paradas cardíacas.

Nos pacientes com TA a preocupação com o peso é constante, e frequentemente ocorrem grandes oscilações de peso, que podem chegar a 2,5 kg para mais ou menos em apenas uma semana. Por isso, é recomendado pesar os pacientes sempre de costas, além de não lhes informar o peso ao longo do tratamento. Os anoréxicos utilizam vários recursos nas pesagens para tentar elevar o peso momentaneamente e ludibriar a equipe quanto a sua perda de peso ou recusa em ganhar peso. São métodos comuns: colocar moedas ou pilhas nos bolsos das calças e casacos ou ingerir uma grande quantidade de líquidos antes da pesagem. Diante disso, faz-se necessário pesá-los sem roupa e sempre pedir para que esvaziem a bexiga antes da pesagem. Já os pacientes com CA tendem a minimizar suas compulsões e a quantidade de alimentos ingeridos ao longo do dia; nesses casos a utilização de um diário alimentar pode ser uma ferramenta para ajudar a equipe, pois o ganho de peso nem sempre é coerente com os relatos, essa discrepância precisa ser investigada para tentar entender se ela é intencional ou não, e quais são os alimentos e períodos problemáticos para o paciente ao longo do dia. Conhecer os gatilhos emocionais, comportamentais, ambientas e nutricionais que desencadeiam a CA é uma medida prática e relativamente simples que pode ajudar consideravelmente no início do tratamento.

Muitas vezes a equipe utiliza esses subterfúgios para não se deixar enganar, tendo em vista a gravidade dos casos e o risco que alguns dos pacientes podem estar correndo. Entretanto, ao trabalhar com esses sujeitos, fica clara a necessidade de se estabelecer um ambiente de confiança, e o ideal é que uma coisa não anule a outra. Às vezes o paciente pode se sentir seguro ao saber que o profissional não vai se deixar enganar, fomentando sua confiança na equipe, porém em outros casos o paciente pode sentir-se pressionado a dizer o que ainda não é possível para ele, e dessa forma acabar se afastando ainda mais do tratamento.

Portanto, é fundamental estar atento às sutilezas e meandros de cada caso, e buscar ser coerente com a realidade e o momento de cada paciente.

O compromisso do psicanalista é com a singularidade do sujeito, por isso não podemos abandonar as tentativas de compreender o sentido da comida e a significação dos atos compulsivos na história de cada paciente. O trabalho em equipe multidisciplinar nos auxilia, pois permite salvaguardar a especificidade do enquadre analítico, uma vez que os aspectos físicos, dietéticos e psiquiátricos (hospitalização, medicamentos etc.) são assumidos pelos outros profissionais da equipe, cada um atuando dentro de sua especialidade e respaldando o trabalho dos outros membros.

Nos casos em que o paciente não deseja ou ainda não se sente pronto para abandonar o TA, apesar de todo sofrimento, o caminho analítico é lento e delicado. Inicialmente é preciso tentar estabelecer um contato, um vínculo que permita ao paciente compreender que os excessos de presença e/ou ausência vivenciados com o primeiro objeto não serão repetidos na análise. É preciso acolher as sensações corporais e os rituais alimentares, que às vezes são o único material trazido para terapia, e aos poucos criar espaço para que os conflitos internos possam emergir.

Por outro lado, os pacientes que procuram tratamento por conta própria e manifestam desejo de abandonar a compulsão nem sempre conseguem estabelecer um investimento libidinal na análise. Isso porque a maioria é muito instável e as oscilações de 'tudo ou nada' são uma constante em suas relações. Eles transformam a cura em uma aposta permanente, que acaba levando a uma extrema sensibilidade em relação a qualquer decepção e uma certa intolerância ao investimento transferencial, diminuindo assim as chances de permanência no tratamento. Isso torna as recaídas e os abandonos de tratamento muito frequente nos TAs, o que gera frustração tanto nos pacientes quanto nos profissionais.

As considerações de Jeammet sobre os primeiros encontros com esses pacientes me parecem bastante apropriadas:

> Esse excesso no brilho da significância, assim como no qualificativo da produção, dá a perceber a fragilidade dos limites e das boas bases narcísicas, a pregnância do afeto sobre o sentido, o peso da economia, assim como a fraqueza da organização e do estrutural. É que, com efeito, essa sensibilidade à qualidade da relação acompanha-se de uma relativa indiferenciação do interlocutor. Sente-se rapidamente que este não é tanto investido por suas qualidades próprias, e em sua diferença, quanto por aquilo que eu chamaria de seu "valor funcional", ou seja, seu possível papel na economia narcísica do paciente. [...] A própria macicez do investimento inicial, com sua imediatez e brutalidade, atrapalha sua possível elaboração e sua manutenção. Esses pacientes vão ter muita dificuldade em nos deixar após as primeiras entrevistas, mas terão ainda mais dificuldade para voltar[2].

É importante que já nos primeiros encontros o paciente possa perceber o objetivo do analista de compreender, pelos desvios da associação de ideias, as dificuldades pessoais e as contradições internas para os quais procuram, em vão, uma solução na CA.

Nesses primeiros contatos com os pacientes compulsivos, o analista deve ser receptivo aos conteúdos desvelados, estejam eles relacionados ao comportamento alimentar ou não. Apesar de muitas vezes haver uma cobrança por parte da equipe multidisciplinar, dos familiares e dos próprios pacientes por resultados relacionados diretamente à diminuição das crises compulsivas e principalmente à perda de peso, devemos lembrar que nosso objetivo é ir além do sintoma, visando à elaboração do conflito subjacente e as mudanças significativas no funcionamento psíquico do paciente.

---

[2] JEAMMET, P. Desregulações narcísicas e objetais. In: BRUSSET, B.; COUVREUR, C.; FINE, A. *A Bulimia*. São Paulo: Escuta, 2003. p. 110.

Mais uma vez sublinho que a redução do peso é uma consequência do tratamento, nunca seu objetivo. Buscamos reestabelecer uma relação adequada do sujeito com a comida e o corpo, para tanto investimos no abandono dos métodos compensatórios (quando presentes), na interrupção da adição alimentar e na aceitação e valorização do biótipo corporal individual e singular; trabalhando as questões subjetivantes por trás de cada um desses pontos.

Mesmo diante de silêncios e/ou repetições que parecem engolir qualquer possibilidade de avançar em algo que seja da subjetividade do paciente, é preciso acolher sua fala até que se possa caminhar um pouco, com muita delicadeza, para posteriormente compreender, junto com o paciente, o que existe além e aquém da alimentação e do corpo.

Ser continente com as angústias, dar significado às suas comunicações, auxiliá-lo em sua capacidade interna de fazer um trabalho de ligação, relacionando os fatos vividos com seu mundo interno, repensando questões referentes a sua história, e dessa maneira costurar e construir um saber por meio da análise. Na presença de um paciente desconectado com sua realidade psíquica, o primeiro passo é criar uma atmosfera acolhedora, na qual aos poucos ele possa lançar-se.

2. Adolescência e relações familiares

Como vimos ao longo dos capítulos anteriores, o papel que a família desempenha na situação dos TAs é extremamente significativo: principalmente as relações precoces entre a mãe e o bebê, mas também tudo que se refere ao complexo de Édipo.

As questões familiares referentes aos TAs foram e continuam sendo tema de muitos estudos. Durante um longo período a família foi considerada como um obstáculo para o tratamento desses transtornos e o afastamento do paciente de seu núcleo familiar fazia parte das recomendações médicas, todavia atualmente a família não é mais considerada um obstáculo, pelo contrário, sua participação no tratamento é estimulada pela equipe por meio de terapia de família, orientação nutricional específica para cada caso, entre outras parcerias. Le Grange,[3] é um dos autores que enfatiza a importância do estudo da dinâmica familiar e a relação que a família tem com o TA, em todas as etapas do tratamento.

Vandereycken[4] e Eisler[5] discorrem sobre a impossibilidade de sustentar a noção de que haveria invariavelmente um tipo particular de constelação familiar ou um único estilo de funcionamento familiar associado a todos os transtornos dos comportamentos alimentares. As famílias desses pacientes, sejam eles anoréxicos, bulímicos ou comedores compulsivos, variam consideravelmente e não se conformam a um esteriótipo. O que podemos apontar, mas sem tentar buscar uma verdade absoluta, nem um padrão engessado é que em geral as famílias dos pacientes com TAs, tendem a ter dificuldade em estabelecer limites, conversar sobre conflitos, expor suas emoções e lidar com situações de separação e luto.

A relação mãe e filha sempre teve destaque nos estudos sobre os TAs, Bidaud[6] chamou de "vínculo mortífero" ou "laço demetriano"[7], uma relação comumente relatada por pacientes

---

[3] LE GRANGE, D. Family therapy for eating disorder. In: *Psychotherapy in practice*, 1999, v. 55 n. 6, p. 727-739.

[4] VANDEREYCKEN, M. O.; KOG, E. *The Family approach to eating disorder*: assessment antreatment of anorexia nervosa and bulimia. New York: PMA Publishing Corp, 1989.

[5] EISLER, I. Family models of eating disorders. In: *Handbook of eating disorders, theory, treatment and research*. England: John Wiley & Sons, 1995.

[6] BIDAUD, E. Um certo destino de ligação com a mãe. In: *Anorexia mental, ascese, mística*. Rio de Janeiro: Cia de Freud, 1998.

[7] A escolha desse nome refere-se ao mito de Perséfone e Deméter. Mito de mãe e filha que instiga a refletir sobre a paixão entre esse par e suas repercussões na transformação de menina em mulher. O mito está relacionado à fertilidade, à fecundidade, à virgindade e sua perda, e à sexualidade pertinente a essas questões.

com TA, na qual a mãe é ao mesmo tempo indispensável e inaceitável, gerando uma incapacidade de tolerar a distância e a separação dela, concomitante a um sentimento de indiferenciação e de estar sendo invadida por ela.

Maria Helena Fernandes[8] chama atenção para o fato de as dietas, os exercícios físicos e o peso serem um tema privilegiado na comunicação entre mães e filhas com TA's. Essa parece ser mais uma forma de mantê-las ligadas. Sabe-se que a dupla mãe/filha tem uma estrutura na qual a diferenciação é algo conquistado com trabalho, quando temos um TA presente essa conquista exige um trabalho ainda mais ardo.

Ao longo do terceiro capítulo, destaquei a importância das mais precoces interações entre a mãe e o bebê na compreensão das perturbações alimentares. A adolescência é a época em que mais comumente surgem os TA's, e esse é um fato que não pode ser desconsiderado. A puberdade e a adolescência, por suas próprias características, vão colocar em evidência as problemáticas que têm suas raízes nas relações precoces do bebê com a mãe.

Essa época da vida pode ser considerada um momento privilegiado para subjetividade. Evidencia-se nessa fase uma espécie de morte da relação infantil, particularmente com a mãe, pois as referências de identificação passam a ser dadas pelos novos grupos sociais. Nessa passagem do mundo infantil para o mundo adulto, os adolescentes têm de transitar em direção à conquista da sua autonomia.

A vulnerabilidade as pressões exercidas pela mídia em relação ao padrão de beleza ficam mais evidentes. Existe uma grande necessidade de se enquadrar e ser aceito pelo grupo, e a aparência passa a ter um papel importante nessa interação com os pares, destacado ainda mais pela sexualidade em ebulição.

---

[8] FERNANDES, 2010.

A reativação pulsional da adolescência leva a mudanças internas que conduzem a uma organização edípica que poderíamos chamar de "definitiva". Mas não podemos esquecer que a elaboração das mudanças internas que ocorrem na adolescência depende das elaborações pré-edípicas sobre as quais elas se fundamentaram e se estruturaram – ou seja, temos que considerar o que se deu à anteriori, pois será sobre a base das elaborações pré-edípicas que ocorrerá esse novo processo de mudanças. Brusset, ao falar dos pacientes adolescentes com TA, afirma que:

> Mais do que somente uma regressão para as fixações orais, trata-se da transferência de uma problemática pulsional e narcísica arcaicas (que compromete as relações com o objeto e a autoestima) para o comportamento alimentar, para as relações com o corpo e, mais frequentemente, para com a mãe[9].

O corpo do adolescente é indiscutivelmente palco de mudanças significativas. As mudanças hormonais da puberdade contribuem para expor o jovem à intensidade pulsional própria dessa fase. De acordo com a linha de raciocínio que vem sendo desenvolvida neste estudo, as falhas na introjeção canibal do objeto primário irão repercutir na adolescência por meio da inabilidade para lidar com o excesso pulsional típico dessa idade.

O corpo pulsional, as memórias inscritas no corpo, marcas da relação com a mãe, rearticulam-se durante a trajetória subjetiva, fundamentalmente marcada pelos ciclos biológicos. Especificamente nas mulheres, as transformações corporais vividas – seja na puberdade, na gravidez ou na menopausa, momentos de reativação das marcas sensoriais com inflexões importantes sobre a imagem do corpo – dão continuidade ao complexo e infindável processo de constituição do feminino.

---

[9] BRUSSET, B. Psicopatologia e metapsicologia da adição bulímica. In: BRUSSET, B.; COUVREUR, C.; FINE, A. *A Bulimia*. São Paulo: Escuta, 2003, p. 245.

A gravidez também é um momento de reativação pulsional e envolve a necessidade de reestruturação e reajustamento em várias dimensões: verifica-se uma mudança de identidade e uma nova definição de papéis. A gravidez e o puerpério, então, constituem para a mulher uma fase de remanejamentos psíquicos; que podem representar uma possibilidade de atingir novos níveis de integração e amadurecimento ou, por outro lado, o surgimento de novos sintomas e soluções patológicas.

Quero chamar atenção para o crescimento de casos de TA em mulheres durante a gestação ou logo após o nascimento do bebê. Essa realidade vem sendo observada tanto na clínica quando nas produções teóricas sobre essa temática. Estamos falando de um momento delicado para a mulher, no qual estão envolvidos a elaboração de aspectos de toda a vida anterior à concepção, dentre eles: as experiências com os pais, a vivência edípica e a separação/diferenciação dos pais.

As mudanças na alimentação, na forma e no peso corporais, inevitáveis no contexto gestacional, podem desencadear ou exacerbar comportamentos disfuncionais relacionados à comida e ao corpo. Esse quadro leva ao aumento da ansiedade e à preocupação com as dimensões corporais em mulheres gestantes que apresentem ou não histórico de TAs.

Diversos estudos, apontam o período gestacional enquanto fator precipitante para novos casos de TAs, e principalmente como um agente de risco para recaídas em pacientes com esse histórico. A presença de um TA na gravidez vem acompanhada de riscos tanto para mãe quanto para o feto, incluindo aumento na incidência de abortos, baixo peso no nascimento, complicações obstétricas, hiperemese gravídica, diabetes gestacional, pré--eclampsia e depressão pós-parto[10].

---

[10] BULIK, C. M.; VON HOLLE, A et al. Patterns of remission, continuation, and incidence of broadly defined eating disorders during early pregnancy in the Norwegian Mother and Child Cohort Study.

A idealização da magreza pode levar a uma preocupação excessiva com o ganho de peso durante a gravidez, além de uma cobrança para que se perca peso rapidamente após o nascimento do bebê. Não faltam exemplos que estimulam esse fenômeno na mídia e nas redes sociais, sejam nas fotos de atrizes e modelos que voltaram ao peso pré-gestacional semanas após o parto ou nas imagens das "grávidas fitness" que tentam manter a musculatura do abdômen definida ao longo dos nove meses de gestação.

Aproveitando o tema da gravidez, gostaria de fazer um gancho para falar de outro aspecto bastante relevante nos TA's, a sua prevalência no sexo feminino (cerca de 90% dos casos), uma realidade indiscutível. Ainda que com menor frequência, esses transtornos também acometem os homens e a busca de tratamento por pacientes do sexo masculino vem aumentando nos últimos anos, chegando a 15% em alguns ambulatórios especializados em cidades como Rio de Janeiro e Porto Alegre. Esse aumento pode ser resultado tanto da maior incidência dos transtornos alimentares em homens, como da maior divulgação do seu tratamento e de uma consequente diminuição no preconceito que associa os TAs apenas a mulheres e homossexuais

Ainda assim, é importante observar atentamente as especificidades do desenvolvimento libidinal feminino no que se refere às relações objetais, particularmente com a mãe. Principalmente porque a menina está duplamente vinculada à sua mãe: por sua relação objetal inicial e inaugural e pela identificação com ela.

Freud assinala a importância da relação pré-edípica da menina com sua mãe, relação essa que frequentemente perdura por muito tempo e que marcará em grande parte o seu futuro como mulher. Maria Helena Fernandes nos lembra que a relação da mãe com o filho homem é permeada de afetos, novas vivencias e pelo encantamento com o diferente; já a relação com a filha é

Psychological Medicine, v. 37, n. 8, 2007, p. 1109-1118.

igualmente apaixonada, mas plena de redescobertas, reencontros inusitados e expectativas aumentadas. Essa especificidade da relação mãe e filha se dá devido a existência de uma reedição vivencial que passa pelo encantamento, a rivalidade e a inveja, fazendo dessa uma relação bastante delicada. A esse respeito, a autora afirma que "não se pode deixar de pensar que o menino não é implicado da mesma forma que a menina na vertente narcísica do investimento da mãe"[11].

Bidaud, ao investigar o vínculo passional de pacientes com TA e suas mães, recorda que é pela identificação paterna que a filha escapa ao conluio narcísico da mãe, permitindo assim a travessia da adolescência, mencionada anteriormente, de menina para mulher. Enquanto no menino a mudança do primeiro objeto de amor é decorrente da descoberta de que a mãe é desprovida do órgão que ele possui e por isso vem acompanhada do que o autor chama de "sentimento de intenso triunfo", a menina afasta-se da mãe a partir do reconhecimento de que falta algo a ambas; nesse caso o sentimento de triunfo dá lugar a uma espécie de derrota. Sendo assim, a menina se afasta da mãe sob o signo da hostilidade. Segundo o autor:

> O laço de domínio é, em certa medida, reforçado negativamente pela força do ressentimento. Se, além disso, a inveja subsequente do pênis permite à menina separar-se da mãe, voltando-se ao pai, é sob a condição de que este tenha lugar no desejo da mãe. O falo, que representa, na origem, o poder da mãe, é transferido para o pai. Isto significa que a questão do desnodulamento do laço filha-mãe não é superponível àquela que concerne ao filho e à mãe[12].

Pode-se notar, com uma certa frequência, na clínica dos TA's que não é incomum a figura paterna encontrar-se apagada ou

---
[11] Fernandes, M.H. *Op.Cit.* p. 237.
[12] BIDAUD, E. op. cit., p. 86.

desvalorizada, nesses casos a figura materna pode acabar reforçando esse arranjo familiar, seja desvalorizando diretamente o pai ou anulando-o com sua presença.

McDougall explica que, em casos como esses, estamos diante de:

> Uma constelação edipiana específica, instalada em uma organização bem mais primitiva, em que a imago paterna é quase ausente, tanto do mundo simbólico da mãe quanto no da criança. O sexo e a presença paterna não parecem ter desempenhado nenhum papel estruturante na vida da mãe. A imago materna torna-se por esse fato extremamente perigosa[13].

Maria Helena Fernandes diz ainda que os pacientes com TA, na maioria das vezes, não puderam contar com a possibilidade de apoiar-se no suporte paterno para administrar a ligação ambivalente de amor e ódio com a mãe, ficando então aprisionados à imago materna[14].

A compulsão e os métodos compensatórios poderiam ser interpretadas em alguns casos de forma paradoxal, ou seja, esses atos teriam a função simbólica de separar e manter juntas mãe e filha. Em outras palavras, por um lado, a filha sente-se invadida pela mãe; mas por outro lado a separação também não é psiquicamente suportável, dessa forma o TA adquire o papel de expressar essa impossibilidade de diferenciação por meio do devorar e expulsar.

É como se para lidar com a violência da pulsão, se fizesse necessário essa experiência corporal e psíquica, que aponta diretamente para uma ruptura entre a atividade psíquica ordinária, a agressividade e a sexualidade. O investimento do ato compulsivo alimentar é correlativo ao desinvestimento que está na origem

---
[13] McDOUGALL, J. et al. *Corpo e História*. São Paulo: Casa do Psicólogo, 2000. p. 15.
[14] FERNANDES, M. H. *Transtornos Alimentares*. São Paulo: Casa do Psicologo. 2006.

dos sentimentos de falta, de vazio e de fragilidade. Esse tipo de transferência sobre a função alimentar tende a substituir os mecanismos de defesa e a elaboração psíquica para reorganizar a vida afetiva do sujeito, empobrecendo-a em graus muito diferentes nas alternâncias sem saída entre o vazio e o cheio demais.

Antes de terminar esse tópico, gostaria de salientar a questão da interação entre os TA's. Autores como Jeammet[15] e Brusset[16] contam que é difícil não encontrar, em pacientes com uma historia de TA, uma ocorrência prévia de algum outro TA ou um deslizamento entre eles. Diante desse fato, os autores afirmam que não existiria uma clara distinção entre esses transtornos no que diz respeito aos conflitos intrapsíquicos que as determinam. Eles acreditam que as expressões clínicas nesses transtornos seriam de uma organização psíquica própria aos TA's, ou sejam apesar das configurações sintomáticas serem diferentes, existiria uma mesma fonte de conflitos.

Como foi dito no segundo capítulo, é no âmbito da clínica que se mostram evidentes a limitação dos critérios diagnósticos e a categorização das entidades nosográficas, com as quais a psiquiatria trabalha. É a partir da experiência clínica que podemos enxergar os pacientes de forma singular, com seus sintomas, seu modo de funcionamento, a singularidade de suas histórias subjetivas e seu sofrimento. Lembrando mais uma vez as palavras de Shakespeare, "mesmo que a rosa tivesse outro nome, ainda assim teria o mesmo perfume".

Nos casos de AN testemunha-se o investimento na sensação de fome, na luta contra o impulso da CA, na hiperatividade física e principalmente no hiperinvestimento do ideal de magreza. A anorexia recusa a tendência aditiva da CA, mas acaba apresen-

---

[15] JEAMMET, P. Desregulações narcísicas e objetais. In: BRUSSET, B.; COUVREUR, C.; FINE, A. *A Bulimia*. São Paulo: Escuta. 2003.
[16] BRUSSET, B. Psicopatologia e metapsicologia da adição bulímica. In: BRUSSET, B.; COUVREUR, C.; FINE, A. *A Bulimia*. São Paulo: Escuta. 2003.

tando essa mesma tendência com uma outra roupagem, por meio de uma posição narcísica ordenada por um ideal de controle, de perfeição física e moral pela magreza, mas que é igualmente uma posição narcísica de onipotência. Esse ideal de perfeição física e moral pela magreza é compartilhado pelos bulímicos e comedores compulsivos, mas nesses casos o ato compulsivo e a perda de controle expõem um aspecto inaceitável de si, e a vergonha da crise compulsiva pode ser entendida como equivalente às satisfações encontradas na restrição alimentar pelas anoréxicas.

A repulsa pelo próprio corpo, o medo mórbido de engordar e a vergonha do descontrole alimentar presentes nos discursos dos pacientes com TA estão vinculados à idealização da magreza absoluta. Essa magreza, enquanto ideal do ego, é inatingível, de modo que a busca por ela leva a uma insatisfação crônica em relação ao corpo. A magreza torna-se um fim em si mesmo, ou seja, ser magro é a garantia de felicidade, sucesso e poder – o problema é que nunca se está magro o suficiente, é preciso sempre perder mais dois ou três quilos, quando finalmente chegam no peso desejado ele deixa de ser suficiente e uma meta de peso ainda mais baixa é estipulada.

Os pacientes afirmam que quando estão em público todos olham para eles enquanto julgam seus corpos de forma negativa. Essa espera por uma reação negativa, assim como a vergonha do ato compulsivo e do próprio corpo, pode ser interpretada como uma externalização de um superego arcaico. Conforme afirma Wurmser[17], o medo de ser encarado, devorado e penetrado pelo olhar do outro encontra seu modo de defesa ativo pela oralidade. Podemos pensar que nos episódios de CA o sujeito teria a intenção de devorar de volta o olhar do outro, com a voracidade que é ao mesmo tempo defesa contra a vergonha e fonte de vergonha.

---

[17] WURMSER, L. *The mask of shame*. Baltimore: The Johns Hopkins University Press, 1981.

A má diferenciação entre as instâncias "superego" e "ideal do ego" faz com que as duas se alimentem mutuamente de suas exigências mais arcaicas. O ideal é frequentemente reduzido a um ego ideal, cuja realização inatingível serve para torturar o ego, enquanto o superego arcaico, evidencia mais a prevalência da refutação do que a culpa da transgressão, e acaba por desqualificar qualquer realização que poderia sustentar o narcisismo.

Vimos neste tópico que os transtornos das condutas alimentares ocupam uma posição intermediária entre a infância e a idade adulta – como ilustra sua ocorrência frequente na adolescência – entre o psíquico e o somático, entre o individual e o social – destacando-se entre os dois o grupo familiar. Essa posição intermediária aponta para uma dificuldade desses sujeitos em relação aos processos de mudança; uma sensibilidade às mudanças da puberdade e ao acesso à autonomia, assim como às mudanças socioculturais. Há sobretudo uma impossibilidade de expressão puramente psíquica e representacional dessas dificuldades, o que levaria a uma expressão comportamental atuada e à necessidade de uma inscrição corporal.

CONSIDERAÇÕES FINAIS

A elaboração e o desenvolvimento da pesquisa que me possibilitou escrever este livro traduzem um caminho de aprendizado. Uma oportunidade de me debruçar sobre a teoria psicanalítica e especialmente sobre as ideias dos autores que tratam de questões referentes às condutas alimentares, o que me possibilitou rever e repensar minha experiência na clínica dos TA's.

Minha proposta neste estudo foi abordar a CA a partir de uma ótica psicanalítica, com ênfase na teoria kleiniana. Para tanto, iniciei o percurso com a apresentação dos aspectos socioculturais relacionados à etiologia e à manutenção dos TA's, a fim de ilustrar a ideia de que as patologias trazem em si um traço de sua época e, em virtude disso, deve-se levar em conta a maneira como o sofrimento do indivíduo aparece em determinado momento histórico.

Na contemporaneidade, estaríamos diante dos imperativos da exaltação do ego e da estetização da existência. As patologias contemporâneas revelariam, por um lado, os fracassos diante desses imperativos, como na depressão e na síndrome do pânico e, por outro lado, uma tentativa de adesão a eles por meio de um apego excessivo ao corpo na exteriorização do sofrimento, como no caso dos sintomas somáticos e das adições em geral.

Dentro do atual contexto histórico e cultural, assim como nos transtornos alimentares, o corpo se destaca como lugar privilegiado de investimento. Maria Helena Fernandes utiliza o termo "hipocondria da imagem" para falar dessa exagerada preocupação com a imagem corporal. A autora chama atenção para o excesso de atenção e cuidados dispensados ao corpo atualmente, e afirma que o sujeito contemporâneo alçou o corpo a um lugar de destaque em suas preocupações e conversas.

Esse excesso na exploração da experiência corporal promovida na sociedade contemporânea encontra-se muito bem descrito por Jurandir Freire Costa nessa passagem de *O vestígio e a aura* (2004):

> Qualquer comentário sobre hábitos alimentares, por exemplo, desencadeia, em geral, uma tagarela, bizarra e infantilizada competição sobre quem faz mais exercícios, quem come menos gordura; quem é capaz de perder mais quilos em menos tempo; quem deixou de fumar há mais tempo; quem ingere mais vegetais, alimentos e fármacos naturais etc. Em paralelo a isto, todo consumo de comidas com alto teor calórico é precedida de verdadeiros atos de constrição e rituais preventivos de expiação da falta a ser cometida. Os que não aceitam jogar o jogo são vistos como problemáticos, do ponto de vista emocional, já que se entregam, sem escrúpulos, à autodestruição física e moral. Afinal, pensamos, sem a boa forma, não teremos oportunidade alguma de ser vencedores. O mal do século é o mal do corpo[1].

O declínio da interioridade e a exacerbação da exterioridade apontam para uma cultura em que se evita a dor, na qual o espaço para reflexão sobre o sofrimento não encontra possibilidade de elaboração. As marcas do sofrimento, não podendo mais encontrar uma inscrição psíquica, ficam condenadas à inscrição corporal.

Lash aponta que o declínio da autoridade institucionalizado em nossa sociedade não estaria levando a um "declínio do superego" dos indivíduos, pelo contrário, estaria encorajando o desenvolvimento de um superego arcaico, mais severo e punitivo, concomitante a um ideal de ego tirânico e inalcançável.

---

[1] COSTA, J. F. *O vestígio e a aura:* corpo e consumismo na moral do espetáculo. Rio de Janeiro: Garamond, 2004. p.199.

Deixei claro que apenas as mudanças socioculturais referentes a contemporaneidade não são suficientes para determinar sozinhas e diretamente as condutas alimentares patológicas; mas, por outro lado, são um componente importante no processo de subjetivação e podem contribuir para a dificuldade de constituição de um ideal do ego e de um projeto identificatório, favorecendo assim a persistência de formações superegoicas muito restritivas.

No segundo, capítulo busquei descrever a visão psiquiátrica acerca dos TAs, com o objetivo de enriquecer as referências daqueles que estudam ou trabalham com essas patologias. Julguei que tais informações seriam não apenas úteis, mas necessárias para mostrar ao leitor a realidade multidisciplinar dos tratamentos desses casos.

Não tenho a pretensão de propor que o ponto de vista da psicanálise seja hegemônico na psicopatologia da CA, e ainda menos em seu tratamento. Esse ponto de vista funda-se nos dados em que a análise tiver sido possível e eficaz, acarretando mudanças significativas, não apenas no plano das condutas sintomáticas, mas também no funcionamento psíquico e da personalidade dos pacientes.

No terceiro capítulo comecei fazendo uma pequena introdução à teoria kleiniana. A partir dessa introdução apresentei o desdobramento do que chamei de introjeção canibal do objeto primário, que representa as falhas nas fases mais precoces da relação mãe-bebê. O processo de introjeção canibal do objeto primário diz respeito a um objeto impossível de ser metabolizado, que vem a ser introjetado e assim mantido clivado no interior do psiquismo. Essa clivagem do ego não se mantém inativa, pelo contrário, exerce violenta influência sobre o psiquismo do sujeito.

A clivagem do ego, as dificuldades em lidar com a perda do objeto amado, a representação simbólica comprometida e a precariedade das funções estimulante e de continência da pulsão seriam consequências desse desenvolvimento psíquico comprometido em seu período mais arcaico. Na compulsão alimentar, todos esses processos estão envolvidos em menor ou maior proporção de acordo com as singularidades de cada caso.

Tendo em vista as dificuldades nos laços mais arcaicos da relação materna e os aspectos pré-edípicos do desenvolvimento psíquico, passei a considerar a possibilidade de que os excessos de ausência ou presença da mãe poderiam levar a uma introjeção canibal do primeiro objeto de amor que, ao ser introjetado dessa forma, seria destroçado, não podendo ser representado no mundo psíquico da criança. Assim, a mãe cuidadora não é sentida como presente e não se cria um substituto para a presença da mãe que assegure ao bebê a possibilidade de lidar com sua ausência concreta, garantindo um apaziguamento diante dos excessos pulsionais.

Essa deficiência da introjeção do objeto primário levaria a uma clivagem do ego, pensada a partir do modelo de funcionamento da melancolia. Nos casos dos pacientes compulsivos, a clivagem seria entre a idealização da magreza absoluta e os impulsos incontroláveis de comer compulsivamente. A clivagem muito acentuada entre esses dois pólos leva a um enfraquecimento do ego; isso ocorre porque tanto o pólo idealizado quanto o perseguidor permanecem cindidos do ego – uma forma de enclave superegoico – e as energias pulsionais que eles produzem não ficam à disposição do ego.

O processo de introjeção normal possibilita a superação da dependência do sujeito em relação ao objeto, permitindo a expansão de seus investimentos libidinais em direção a um vasto campo de objetos substitutos. Esse processo envolve um trabalho de luto e de elaboração da experiência de perda, e representa, consequentemente, um processo de mudança psíquica que deve reorganizar-se em função da assimilação das propriedades do objeto. Dessa forma, a introjeção está na base dos processos identificatórios.

Para explicar os excessos de ausência e presença do objeto primário, utilizei o conceito de objeto absolutamente necessário de Green, que quando não se deixa negativar produz com seu excesso uma invasão intolerável, sem dar espaço para a representação e o pensamento. Na presença maciça e contínua do objeto primário, não ocorrem os processos de simbolização – em seu lugar aparecem as saídas não representacionais, como as compulsões.

Nesses casos, em que o trabalho do negativo se extravia ao invés de prestar-se aos processos de constituição psíquica, o objeto não pode despertar as pulsões e/ou não pode contê-las, não pode modulá-las, potencializando-as no que contêm de mortífero.

O comportamento aditivo verificado nos casos de compulsão alimentar também foi abordado dentro do contexto das dificuldades nos laços mais arcaicos da relação materna e da perda do objeto primário. A vulnerabilidade egoica desses sujeitos é consequência do relativo fracasso das internalizações precoces que asseguram as bases narcísicas suficientemente estáveis para garantir um sentimento de segurança e continuidade capazes de se manter, principalmente, graças aos recursos do próprio sujeito.

Na compulsão alimentar, o destino da pulsão está aquém da possibilidade de construção representativa, o que denuncia o empobrecimento do funcionamento psíquico e a exacerbação de uma ação compulsiva. Pode-se assim constatar que a compulsão apresenta ora um esforço de contenção da força pulsional, ora um extravasamento acelerado da pulsão, numa tentativa de escoamento da pressão que ela exerce.

As questões referentes à imagem corporal também estão enraizadas nas relações precoces entre a mãe e o bebê; a imagem inconsciente do corpo vai se moldando ao longo do tempo, desde as etapas mais precoces. Seria uma espécie de elaboração de sensações e emoções precoces experimentadas na relação intersubjetiva com as figuras parentais – um verdadeiro substrato relacional que fica marcado no corpo e passa a ser o lugar de uma comunicação precoce. A imagem inconsciente do corpo apoia-se no outro e forma-se como referência intuitiva do desejo do outro, que se ordena corporalmente no sentir, no dizer e no corpo da mãe.

No quarto capítulo, apresentei algumas informações referentes a clínica dos TA's que considerei relevantes. Começamos falando de algumas características do início do tratamento. Depois abordamos a reativação pulsional na adolescência, que parece ser um desencadeador dos TAs e leva a mudanças internas que conduzem a uma reorganização edípica, além do fato da assimilação dessas mudanças dependerem das elaborações pré-edípicas sobre as quais se fundamentaram e estruturaram.

Trouxe à tona também a questão da prevalência feminina nos casos de patologias alimentares e as especificidades do desenvolvimento libidinal feminino. Tratei ainda da estruturação edípica frequentemente encontrada nas famílias dos pacientes com CA, em que a imago paterna aparece apagada, tanto no mundo simbólico da mãe quanto no da criança, enquanto a imago materna apresenta cores fortes.

Chego assim ao final desse percurso de construção de um olhar sobre a CA, um olhar clínico sobre a fome insaciável. Certamente, alguns recortes foram privilegiados ao invés de outros; essas escolhas trazem a marca das minhas experiências e da construção de um sentido próprio para o que foi vivenciado mediante a prática clínica e as pesquisas teóricas.

A clínica nos contempla com a possibilidade de assistir os conflitos referentes aos TA's, tanto pelo que nos contam o discurso dos pacientes, quanto pela transferência que nela se produz. Já a teoria psicanalítica mostra as múltiplas significações envolvidas na alimentação, destacando seu engajamento com o corpo e com o outro.

Dessa forma, de acordo com tudo que foi visto ao longo dessa pesquisa, as vicissitudes da relação precoce do bebê com a mãe apontam para a importância da mãe no gerenciamento pulsional e na constituição da subjetividade. As vivências estampadas no corpo e as angústias que encobrem um mundo interno povoado por contradições, paradoxos e incongruências, estão imbricadas no complexo universo das problemáticas alimentares.

A proposta de uma leitura psicanalítica da CA nos permite constatar a complexidade e a diversidade que envolve as psicopatologias alimentares. Para por fim, reconhecer que se tratam de processos psíquicos que solicitam a criatividade do analista para construir e reconstruir sentidos na experiência subjetiva desses pacientes, e dessa forma ampliar as chances de acesso à dimensões mais profundas que permeiam os TA's.

Termino este estudo com a imagem do quadro, "Benefits Supervisor Sleeping", de Lucian Freud, inspirada pela proposta de um olhar que transcenda a aparência e enxergue a pessoa:

Fonte: http://lounge.obviousmag.org/animus_movendi/2012/11/o-neto-do-pai-da-psicanalise.html

Autor de retratos ultrarrealistas e nus contundentes, o pintor era neto de Sigmund Freud e morreu durante a elaboração dessa pesquisa. Sua obra e história despertaram em mim o desejo de prestar-lhe uma pequena homenagem.

Em diálogo com a tradição europeia, Lucian Freud criou ao longo de sua vida um novo estilo de retratar a figura humana; forte e antirromântico, às vezes beirando o grotesco. Submetia seus modelos a sessões exaustivas, dia após dia, até que mostrassem sua vulnerabilidade. "Eu pinto pessoas", disse o artista, "não por sua aparência, nem apesar de sua aparência, mas como elas de fato são".

REFERÊNCIAS

ABRAHAM, K. *Teoria psicanalítica da libido*: sobre o caráter e o desenvolvimento da libido. Rio de Janeiro: Imago, 1970.

ABRAHAM, N.; TOROK, M. *A casca e o núcleo*. São Paulo: Escuta, 1995.

APPOLINÁRIO, J. C.; COUTINHO, W. O transtorno do comer compulsivo: revisão de literatura. *Jornal Brasileiro de Psiquiatria*, v. 44, n. 1, Rio de Janeiro, 1995.

AULAGNIER, Piera. Nacimiento de un cuerpo, origen de una história. In: HORSTEIN, Luis. *Cuerpo, História, Interpretación*. Buenos Aires: Paidós, 1994.

BERGERET, J. *La toxicomanie et personnalité*. Paris: PUF, 1982.

BION, W. R. *Atenção e Interpretação*. Rio de Janeiro: Imago, 1973.

BIRKETVEDT, G. et al. Behavioral and neuroendocrine characteristics of night eating syndrome. *JAMA*, v. 282, n. 7, 1999, p. 657-663.

BIRMAN, J. *Mal-estar na atualidade*. Rio de Janeiro: Civilização Brasielira, 2001.

BOGOCHVOL, A. Algumas reflexes sobre a psiquiatria biológica. *Boletim de novidades*. São Paulo: Pulsional, jul. 1997, n. 99, p. 9-21.

BRUSSET, B. Conclusões terapêuticas sobre a bulimia. In: URRIBARRI, R. *Anorexia e Bulimia*. São Paulo: Escuta, 1999.

BRUSSET, B. Psicopatologia e Metapsicologia. In: BRUSSET, B.; COUVREUR, C.; FINE, A. *A Bulimia*. São Paulo: Escuta, 2003.

BUCARETCHI, H. A. (Org.). *Anorexia e Bulimia Nervosa:* uma visão multidisciplinar. São Paulo: Casa do Psicólogo, 1995.

BUCCI, E.; KEHL, M. R. *Videologias:* ensaio sobre televisão. São Paulo: Boitempo, 2004.

BRUCH, H. *Eating disorders:* obesity, anorexia nervova and the person wihin. New York: Basic Books, 1973.

BULIK, C. M.; VON HOLLE, A. et al. Patterns of remission, continuation, and incidence of broadly defined eating disorders during early pregnancy in the Norwegian Mother and Child Cohort Study. *Psychological Medicine*, v. 37, n. 8, 2007, p. 1109-1118.

CORDÁS, T. *Fome de cão*. Maltese: São Paulo, 1993.

CLAUDINO, D. A. Síndrome do comer noturno. In: CLAUDINO, A. M.; ZANELLA, M. T. *Transtornos Alimentares e Obesidade*. São Paulo: Manole, 2005.

COSTA, J. F. *O vestígio e a aura:* corpo e consumismo na moral do espetáculo. Rio de Janeiro: Garamond, 2004.

_____. *Sem Fraude nem favor:* estudo sobre o amor romântico. Rio de Janeiro: Rocco, 1998.

DEBORD, G. A. *Sociedade do espetáculo.* Rio de Janeiro: Contraponto, 1997.

DOLTO, F. *A imagem inconsciente do corpo.* São Paulo: Perspectiva, 2004.

EISLER, I. Family models of eating disorders. In: GRILLO, C. M; MITCHELL, J. E (Orgs.) *Handbook of eating disorders, theory, treatment and research.* England: John Wiley & Sons, 1995.

FAIRBURN, C. G. *Overcoming binge eating.* New York: Guilford Press, 1995.

FÉDIDA, F. *Corpo do vazio e espaço da sessão.* Paris: J. P. Delarge, 1977.

FENICHEL, O. *Teoria psicanalítica das neuroses.* Rio de Janeiro: Livraria Atheneu, 1981.

FERNANDES, M. H. *Transtornos Alimentares.* São Paulo: Casa do Psicólogo, 2005.

_____. *Corpo* (Coleção Clínica psicanalítica). São Paulo: Casa do Psicólogo, 2003.

FIGUEIREDO, L. C. *As diversas faces do cuidar:* novos ensaios de psicanálise contemporânea. São Paulo: Escuta, 2009.

_____; CINTRA, E. U. Lendo André Green: o trabalho do negativo e o paciente limite. In: CARDOSO, M. (Org.) *Limites.* São Paulo: Escuta, 2004.

FORTES, I. A anatomia fantasmática: o lugar do corpo em psicanálise. *REVISTA EPOS,* v. 3, p. 16-24, 2012.

_____. A dimensão do excesso no sofrimento contemporâneo. Pulsional. *Revista de Psicanálise* (São Paulo), v. 21, p. 63-74, 2008.

_____. A obstinação na anorexia. *Revista Latinoamericana de Psicopatologia Fundamental,* v. 14, p. 83-95, 2011.

_____. A psicanálise face ao hedonismo contemporâneo. *Revista Mal-Estar e Subjetividade,* v. 9, p. 29-40, 2009.

FRANQUES, A.; ARENALES-LOLI, M. *Contribuições da psicologia na cirurgia da obesidade.* São Paulo: Vetor, 2006.

FREUD, S. Luto e Melancolia. In: FREUD, S. *Edição Standard Brasileira das Obras Psicológicas Completas de Sigmund Freud,* v. 14. Rio de Janeiro: Imago, 1996.

_____. Moral sexual "civilizada" e doença nervosa moderna. In: _____. *Edição Standard Brasileira das Obras Psicológicas Completas de Sigmund Freud,* v. 9. Rio de Janeiro: Imago, 1996.

_____. Além do Princípio de Prazer. In: _____. *Edição Standard Brasileira das Obras Psicológicas Completas de Sigmund Freud,* v.18. Rio de Janeiro: Imago, 1996.

_____. Estudos sobre a histeria. In: _____. *Edição Standar Brasielira das Obras de Psicológicas Completas de Sigmund Freud.* Rio de Janeiro: Imago, 1895, v. II.

_____. Inibição. Sintoma e ansiedade. In: _____. *Edição Standar Brasielira das Obras de Psicológicas Completas de Sigmund Freud*. Rio de Janeiro: Imago, (1926) Vol. XX.

_____. Extratos dos documentos dirigidos a Fliess. In: _____. *Edição Standar Brasielira das Obras de Psicológicas Completas de Sigmund Freud*. Rio de Janeiro: Imago, 1897. v. I.

_____. O humor. In: _____. *Edição Standar Brasielira das Obras de Psicológicas Completas de Sigmund Freud*. Rio de Janeiro: Imago, 1927. v. XXI.

_____. O mal-estar na civilização. In: _____. *Edição Standard das Obras Completas de Sigmund Freud*. Rio de Janeiro: Imago, 1930, v. 21.

GARCIA, J. C. *Desafios para técnica psicanalítica*. São Paulo: Casa do psicólogo, 2007.

GONZAGA, A. P.; WEINBER, G. C. *Psicanálise de transtornos alimentares*. São Paulo: Primavera, 2010.

GREEN, A. *O trabalho do negativo*. Porto Alegre: Artmed, 1993.

_____. *Orientação para uma psicanálise contemporânea*. Rio de Janeiro: Imago, 2008.

HABERMAS, T. Friderada: a Case of Miraculous Fasting. *Int J Eat Disord*, v. 5, p. 555-562, 1986.

HABERMAS, T. The Psychiatric History of Anorexia Nervosa and Bulimia Nervosa: Weight Concerns and Bulimic Symptoms in early case Reports. *Int J Eat Disord*, v. 8, p. 259-273, 1989.

HEIMANN, P. On countertransference. *International Journal of Psychoanalysis*, v. 31.

HEKIER, M. Clinica del hacer, clinica del decir: acerca del abordaje. In: HEKIER, M.; MILLER, C. *Anorexia-Bulimia:* deseo de nada. Buenos Aires: Paidós, 1996.

HINSHELWOOD, R. D. *Dicionário do Pensamento Kleiniano*. Porto Alegre: Artes Médicas, 1992.

HORNBACHER, M. *Dissipada*. Rio de Janeiro: Record, 2006.

ISSACS, S. Natureza e a função da fantasia. In: KLEIN, M; HEIMANN, P.; RIVIÈRE, J. I. *Os progressos da psicanálise*. Rio de Janeiro: Guanabara, 1986.

JACCARD, R. *El exilio interior*. Barcelona: Azul editorial, 1999.

JEAMMET, P. Abordagem psicanalítica dos transtornos da conduta alimentar. In: URRIBARRI, R. *Anorexia e Bulimia*. São Paulo: Escuta, 1999.

JEAMMET, P. Desregulações narcísicas. In: BRUSSET, B.; COUVREUR, C.; FINE, A. *A Bulimia*. São Paulo: Escuta, 2003.

KAIL, F. A compulsão alimentar e suas implicações na clínica psicanalítica. In: GONZAGA, A. P.; WEINBERG, C. *Psicanálise de transtornos alimentares*. São Paulo: Primavera, 2010.

KEHL, M. R. As Máquinas Falantes. In: NOVAES, A. (Org.). *O Homem Máquina*: a ciência manipula o corpo. São Paulo: Cia das Letras, 2003.

KESTEMBERG, E.; DECOBERT, S. *La faim et le corps*. Paris: PUF, 1972.

KIRMAYER, L. Cérebros, corpos e pessoas em movimento: a nova psiquiatria cultural e as ironias da globalização. In: LECHNER, E. *Migração, Saúde e Diversidade Cultural*. Lisboa: Imprensa de Ciências Sociais, 2009.

KLEIN, M. O Luto e suas Relações com os Estados Maníaco-Depressivos. In: _____. *Amor, Culpa e Reparação e outros trabalhos, 1921-1945*. Col. Obras Completas, v. 1. Rio de Janeiro: Imago, 1996.

_____. Uma contribuição sobre a psicogênese dos estados maníaco-depressivos. In: _____. *Amor, culpa e reparação e outros trabalhos, 1921-1945*. Col. Obras Completas, v. 1. Rio de Janeiro: Imago, 1996.

_____. *A psicanálise de crianças*. Col. Obras Completas, v. 2. Rio de Janeiro: Imago, 1996.

_____. *Narrativa da psicanálise de uma criança*. Col. Obras Completas, v. 3. Rio de Janeiro: Imago, 1996.

_____. *Inveja e gratidão e outros trabalhos*. Col. Obras Completas, v. 4. Rio de Janeiro, Imago, 1996.

KUPERMANN, D. *Presença do sensível:* cuidado e criação na clínica psicanalítica. Rio de Janeiro: Civilização Brasileira, 2008.

LACAN, J. O estádio do espelho como formador da função do eu. In: LACAN, J. *Escritos*. Rio de Janeiro: Zahar, 1998, p. 65.

LAPLANCHE, J.; PONTALIS, J-B. *Vocabulário de Psicanálises*. São Paulo: Martins Fontes, 2000.

LASCH, C. A. *O mínimo eu*: sobrevivência psíquica em tempos difíceis. São Paulo: Brasiliense, 1987.

LAKOFF, A. *Pharmaceutical Reason:* Knowledge and Value in Global Psychiatry. New York: Cambridge University Press, 2005.

LE BOULCH, V. Educação Psicomotora: a psicocinética na escola primária. In: LE BOULCH, V. *Educação Psicomotora:* a psicocinética na idade escolar. Porto Alegre: Artes Médicas, 1988.

LE GRANGE, D. Family therapy for eating disorder. In: *Psychotherapy in practice,* 1999, v. 55, n. 6, p. 727-739.

LIPOVETSKY, G. *A era do vazio:* ensaios sobre o individualismo contemporâneo. Lisboa: Relógio D'Água, 1983.

MARTY, P. *Psicossomática do adulto*. São Paulo: Artes Médicas, 1993.

MALCOLM, N. The art of diagnosis: Medicine and the five senses. In: BYNUM, F. W.; PORTER, R. *Companion Encyclopedia of the History of Medicine*. London: Routledge, 1993.

McDOUGALL, J. et al. *Corpo e historia*. São Paulo: Casa do Psicologo, 2000.

_____. *Teatro dos corpos*: o psicossoma em psicanálise. São Paulo: Martins Fontes, 2000.

_____. Sobre a bulimia. In: BRUSSET, B.; COUVREUR, C.; FINE, A. *A Bulimia*. São Paulo: Escuta, 2003.

MEICHES, M. P. *A travessia do trágico em análise*. São Paulo: Casa do Psicólogo, 2000.

MEZAN, R. *Escrevendo a clínica*. São Paulo: Casa do Psicólogo, 1998.

_____. Psicanálise e cultura, psicanálise na cultura. In: _____. *Interfaces da Psicanálise*. São Paulo: Companhia das letras, 2002.

MIRANDA, M. R. A representação simbólica nas perturbações alimentares à luz da complexidade da relação mãe-filha. In: GONZAGA, A. P.; WEINBERG, C. *Psicanálise de transtornos alimentares*. São Paulo: Primavera, 2010.

NACIF, T. A. Considerações dobre a contratransferência em pacientes de difícil acesso. In: GONZAGA, A. P.; WEINBERG, C. *Psicanálise de transtornos alimentares*. São Paulo: Primavera, 2010.

NAPOLITANO, M. A. et al. Binge eating disorder and night eating syndrome. *International Journal of Eating Disorders*, v. 30, 2001. Wiley Online Library. Disponível em: <http://onlinelibrary.wiley.com/journal/10.1002/(ISSN)1098-108X/issues>. Acesso em: 19 fev. 16

NOVAES, J. V. *Com que corpo eu vou? Sociabilidades e usos do corpo nas mulheres das camadas altas e populares*. Ed.PUC/Pallas (2010).

_____. *O intolerável peso da feiúra*. Sobre as mulheres e a seus corpos. Ed. PUC/Garamnond (2006).

_____. *Perdidas no espelho? Sobre o culto ao corpo na sociedade de consumo*. Dissertação de Mestrado, PUCRio, 2001.

_____. Sobre a tirania da beleza. *Revista Polêmica*, v. 18, p. 18, 2007.

NUNES, M. A. et al. *Transtornos alimentares e obesidade*. Porto Alegre: Artmed, 2002.

OLIEVENSTEIN, C. *A Clínica do Toxicômano*. Porto Alegre: Artes Médicas, 1990.

PHILIPPI, S. T.; ALVARENGA, M. *Transtornos Alimentares:* Uma visão nutricional. São Paulo: Manole, 2004.

PICK, I. A elaboração na contratransferência. In: BARROS, E. M. R. *Melanie Klein*: evoluções. São Paulo: Escuta, 1989.

PINHAS, L. et al. The effects of the ideal of female beauty on mood and body satisfaction. *International Journal of Eating Disorders*, v. 25, 1999.

RAND, C. S. W. et al. The night eating syndrome in general population and among postoperative obesity surgery patients. *International Journal of Eating disorders*, v. 22,

1997. Wiley Online Library.

ROUDINESCO, E. *Por que a Psicanálise?* Rio de Janeiro: Zahar, 2000.

RUSSEL, G. F. M. Bulimia Nervosa: an ominous variant of anorexia nervosa. *Psychol. Med.* 1979. Wiley Online Library.

SAPOZNIK, A. Bulimia Nervosa: Manifestação clínica, curso e prognóstico. In: CLAUDINO, A.; ZANELLA, M. *Transtornos Alimentares e obesidade*. São Paulo: Manolo, 2005.

SCHILDER, P. *A imagem do corpo:* as energias construtivas da psiquê. São Paulo: Martins Fontes, 1981.

SEGAL, H. *Introdução à obra de Melanie Klein*. Rio de Janeiro: Imago, 1975.

SILVA, A. B. *Mentes insaciáveis:* anorexia, bulimia e compulsão alimentar. Rio de Janeiro: Ediouro, 2005.

SLAVUTZKY, A.; KUPERMANN, D. *Seria trágico... se não fosse cômico:* humor e psicanálise. Rio de Janeiro: Civilização brasileira, 2005.

SPITZER, R. L. et. al. Binge eating disorder: multisite field trial of diagnostic criteria. *International Journal of Eating Disorders*, v. 11, 1992. Wiley Online Library.

SPITZER, R. L. et al. Binge eating disorder: its further validation in multisite study. *International Journal of Eating Disorders*, v. 13, 1993. Wiley Online Library.

STICE, E. et al. Relation of media exposure to eating disorder symptomatology: an examination of mechanisms. *Journal of Abnormal Psychology*, 1994, v. 103, n. 4.

STUNKARD, A. J. A history of binge eating. In: FAIRBURN, C. G. *Binge eating and its nature, assessment and treatment*. London: The Guilford Press, 1993.

_____ et al. The night-eating syndrome. In: FAIRBURN, C. G. *Eating disorders and obesity*. New York: Guilford Press, 2002.

URRIBARRI, R. *Anorexia e Bulimia*. São Paulo: Escuta, 1999.

VANDEREYCKEN, W. Emergence of bulimia nervosa as a separate diagnostic entity: review of the literature from 1960 to 1979. *International Journal of Eating Disorders*, v. 16, 1994. Wiley Online Library.

VANDEREYCKEN, M. O.; KOG, E. *The Family approach to eating disorder:* assessment antreatment of anorexia nervosa and bulimia. New York: PMA Publishing Corp, 1989.

VANDERHAM, T.; MEULMANN, J. J. et al. Empirically based Subgrouping of eating Disorders in Adolescence: A Longitudinal Study. *Br. J. Psychiatry*, v. 170, p. 363-368, 1997.

VIGARELLO, G. *História da beleza:* o corpo e a arte de embelezar do renascimento aos dias de hoje. Rio de Janeiro: Ediouro, 2006.

VILHENA, J.; MEDEIROS, Sergio; NOVAES, J. V. A violência da imagem. A estética, o feminino e a contemporaneidade. *Revista Mal-Estar e Subjetividade*, Fortaleza, v. 5, n.1, p. 111-146, 2006.

VILHENA, J. & NOVAES, J. (orgs.) *Corpo pra que te quero? Usos, abusos e desusos*. Ed. Appris/PUC (2012)

VILHENA, J.; NOVAES, J. V.; ROCHA, L. Comendo, comendo e não se satisfazendo apenas uma questão cirúrgica? Obesidade mórbida e o culto ao corpo na sociedade contemporânea. *Revista Mal-Estar e Subjetividade*, v. 8, p. 379-406, 2008.

VILHENA, J.; NOVAES, J. V.; ROSA, C. M. A sombra de um corpo que se anuncia: corpo, imagem e envelhecimento. *Revista Latinoamericana de Psicopatologia Fundamental* (Impresso), v. 17, p. 251-264, 2014.

VOLICH, R. M. *Hipocondria:* impasses da alma, desafio do corpo. São Paulo: Casa do Psicólogo, 2002.

WEINBERG, C.; CORDÁS, T. *Do altar às passarelas*: da anorexia santa à anorexia nervosa. São Paulo: Annablume, 2006.

WINNICOTT, D. W. A posição depressiva no desenvolvimento emocional normal. In: _____. *Da pediatria à psicanálise*: Obras escolhidas. Rio de Janeiro: Imago, 2000.

_____. *Os bebês e suas mães*. São Paulo: Martins Fontes, 1999.

_____. *Da pediatria à psicanálise*. Rio de Janeiro: Imago, 2000.

_____. A tendência anti-social. In: _____. *Da pediatria à psicanálise*. Rio de Janeiro: Imago, 2000.

_____. La crainte de l'effondrement. *Nouvelle Revue de Psychanalyse*, n. 11. Paris: Gallimarde, 1974.

Outras Referências

Diagnostic and statistical manual of mental disorder, 3. ed. Washington D. C.: American Psychiatric Association, 1980.

MANUAL diagnóstico e estatístico de transtornos mentais, 4. ed. Porto Alegre: Artes Médicas, 1995.

VIGITEL Brasil 2010. Vigilância de fatores de risco e proteção para doenças crônicas por inquérito telefônica. Disponível em: < http://bvsms.saude.gov.br/bvs/publicacoes/vigitel_brasil_2014.pdf>. Acesso em: 19 fev. 16